高等职业技术教育“十三五”规划教材——铁道机车类

列车运行安全装备

主　编　张琼洁

西南交通大学出版社
·成　都·

图书在版编目（CIP）数据

列车运行安全装备 / 张琼洁主编. —成都：西南交通大学出版社，2019.11（2021.7 重印）
ISBN 978-7-5643-7218-7

Ⅰ. ①列… Ⅱ. ①张… Ⅲ. ①列车－运行－安全设备－高等职业教育－教材 Ⅳ. ①U284.48

中国版本图书馆 CIP 数据核字（2019）第 246619 号

Lieche Yunxing Anquan Zhuangbei

列车运行安全装备

主编　张琼洁

责任编辑　梁志敏
封面设计　墨创文化

出版发行　西南交通大学出版社
（四川省成都市金牛区二环路北一段 111 号
西南交通大学创新大厦 21 楼）
邮政编码　610031
发行部电话　028-87600564　028-87600533
网址　http://www.xnjdcbs.com
印刷　四川森林印务有限责任公司

成品尺寸　185 mm × 260 mm
印张　12
字数　297 千
版次　2019 年 11 月第 1 版
印次　2021 年 7 月第 2 次
定价　34.00 元
书号　ISBN 978-7-5643-7218-7

课件咨询电话：028-81435775
图书如有印装质量问题　本社负责退换

前 言

安全是铁路运输的生命线，是运输生产永恒的主题。铁路运输安全不仅影响着企业本身的生产效率和经济效益，也对社会和经济造成重大影响。轨道电路、机车信号、列车综合无线调度系统、列尾装置等为列车运行安全提供了有效的保障。列车运行监控记录装置简称监控装置，缩写为 LKJ，是我国铁路研制的以保证列车运行安全为主要目的的列车速度监控装置。该装置在实现列车速度安全控制的同时，采集记录与列车安全运行有关的各种机车运行状态信息，促进了机车运行管理的自动化。LKJ 运行记录数据处理系统是 LKJ 地面数据处理分析系统的核心子系统，其主要功能是对 LKJ 及其相关车载设备在列车运行时的状态信息、司乘人员和车载设备检测人员的操作规范化程度等参数以文件形式进行记录与处理，并利用其处理结果进行质量安全分析或评分定责等，从源头防御行车安全事故的发生，并为列车运行事故事后分析提供重要依据。机车 6A 系统即机车车载安全防护系统，是对机车运行重点部位进行安全防护的重要装置。中国机车远程监测与诊断系统（CMD 系统）通过车载 LDP 设备获取机车各设备信息，并通过多种传输手段将机车数据源源不断地传到地面系统，实现车地一体化。地面系统通过大数据分析手段为机车的质量安全保驾护航。

本书根据铁路高职教育电力机车驾驶专业教学计划编写，为铁道机车专业教学一体化课程试行教材，共分四章：第一章安全装备，介绍轨道电路、机车信号、铁路机车综合无线设备（CIR）和列尾装置，学习设备的组成、工作原理和操作方法；第二章 LKJ2000 型监控装置，介绍列车监控记录装置的功能组成、LKJ 监控装置的各项操作及机车乘务员的必备技能，其内容分解为若干任务模块，融合了理论知识与实作训练；第三章 LKJ2000 型监控运行数据分析，结合列车监控应用实训室设备进行实作任务训练，注重知识和能力的双重培养；第四章 CMD 系统和 6A 系统，此章为扩展知识，帮助学生建立列车监控运行系统的全面知识体系。

本书由郑州铁路职业技术学院张琼洁主编，由于编者水平有限，不妥之处在所难免，恳请读者批评指正。

编 者

2019 年 3 月

目　录

第一章　安全装备

第二章　LKJ2000 型监控装置

第三章　LKJ 监控运行数据分析

第四章　CMD 系统和 6A 系统

第一章　安全装备

项目一　轨道电路与机车信号

【项目描述】

为了检查列车占用钢轨线路状态，美国人鲁宾孙于 1870 年发明了开路式轨道电路，并于 1872 年研制成功了闭路式轨道电路。1873 年，该电路首次在宾夕法尼亚铁路试用，从此诞生了铁路自动信号。我国铁路在 1949 年前采用的轨道电路传输信息少，分布也极不平衡。1949 年后，从 50 年代中期开始，轨道电路技术在我国有了长足的发展，不仅传输的信息量增加，而且使用范围遍及全国铁路各线，构成了我国铁路信号技术发展的基础。

机车信号是指在司机室内指示列车前方运行条件的信号。在地面信号机为主体信号的前提下，机车信号为辅助信号，能自动地反映列车运行前方地面信号机的显示状态和运行条件，指示列车运行，并与列车自动停车装置结合，确保列车的安全运行。

【教学目标】

1. 能力目标

（1）认识轨道电路设备。

（2）认识机车信号设备。

2. 知识目标

（1）掌握轨道电路的结构、工作原理、分类。

（2）掌握机车信号显示的意义。

3. 素质目标

（1）培养敬业爱岗、遵章守纪、乐于奉献的职业精神。

（2）牢记安全第一、以质量促安全的职业规范。

任务一　轨道电路认知

【教学目标】

（1）掌握轨道电路的构成和基本工作原理。

（2）掌握轨道电路的技术要求。
（3）了解轨道电路的分类方法。

【教学地点及设备】

1. 教学地点

列车监控运行装置应用实训室

2. 设　备

LKJ2000 列车监控装置教学台

【教学内容】

一、轨道电路定义

轨道电路是以铁路线路的两根钢轨作为导体，用引接线连接电源和接收设备所构成的电气回路，它是监督铁路线路是否空闲，自动地和连续地将列车的运行和信号设备联系起来，以保证行车的安全，在线路上安设的电路式的装置。轨道电路是以铁路线路的两根钢轨作为导体，两端加以电气绝缘或电气分割，并接上送电设备和受电设备构成的电路。它的主要功能就是反映轨道区段是否被列车占用。轨道电路是构成现代化铁路信号设备的基础，它能否正常工作，直接关系到行车安全和行车效率。

二、轨道电路构成

轨道电路由钢轨、轨道绝缘、轨端接续线、引接线、送电设备及受电设备等主要元件组成。最简单的轨道电路构成形式如图 1.1 所示。

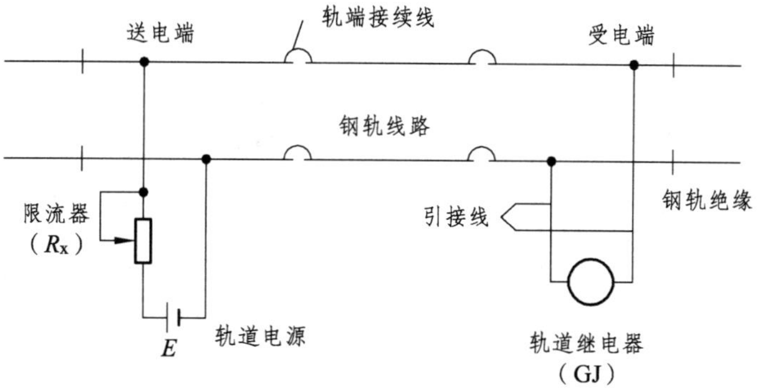

图 1.1　轨道电路的结构

轨道电路的送电设备安装在送电端（又称电源端或始端），它由轨道电源 E 和限流器 R_X 组成。根据轨道电路的类型不同，轨道电源可以用铅蓄电池浮充（或其他直流电源）供电，也可以用轨道变压器或变频器、信号发生器供电。限流器一般为电阻器，也可以采用电抗器，它的作用是保护电源设备不因过负荷而损坏，并保证在列车占用轨道电路时，轨道继电器能可靠地落下，对某些交流轨道电路而言，它还兼有相位调整的功效。轨道电源采用由电子器件组成的信号发生器时，一般都不设限流器。

轨道电路的接收设备安装在受电端（又称继电器端或终端），目前接收器主要采用的是继电器（轨道继电器 GJ），由它来接收轨道信号电流。电子轨道电路的接收设备一般都采用电子器件，其作用和轨道继电器相同。

轨端接续线是为了减小钢轨的纵向电阻而在轨条的连接处增设的。

钢轨绝缘的作用是分割两相邻轨道电路，从电的方面加以绝缘。但是，相邻钢轨线路之间通过大地仍保持着联系，从而给电流形成了附加通路，使轨道电路的传输复杂化。

两组绝缘节之间的钢轨线路（即从送电端到受电端之间），称为轨道电路的控制区段，也就是轨道电路的长度。

安装方式：送电和接收设备一般放在轨道旁的继电器箱、变压器箱（分散）或信号楼内（集中），直接由引接线（钢丝绳）或通过电缆再由引接线接向钢轨

三、工作原理

当轨道电路控制区段内的钢轨完整，且无列车占用（即线路空闲）时，通过轨道继电器的电流比较大，轨道继电器励磁吸起，前接点闭合，利用轨道继电器前接点的闭合条件，接通信号机的绿灯电路，信号开放，表示轨道电路设备完整、没有被列车占用，允许列车进入该区段，如图 1.2（a）所示。轨道电路若被列车占用，即轨道电路被列车轮对分路，因而钢轨中的信号电流同时通过机车车辆的轮对，由于轮对电阻比轨道继电器线圈的电阻小得多，所以电源输出的电流显著增大，限流器 RX 上的压降随之增加，两根钢轨间的电压降低，当流经轨道继电器线圈的电流减少到它的落下值时，衔铁释放，后接点闭合，信号机的绿灯电路切断，信号关闭。同时利用其后接点的闭合条件，接通信号机的红灯电路，这样就表示轨道电路已经被占用，向续行列车显示禁止信号，如图 1.2（b）所示。当轨道电路某一设备损坏，如引接线或钢轨折断时，轨道继电器也会因得不到足够的电流而失磁，同样使信号机点红灯，禁止列车进入该区段，以保证行车安全。

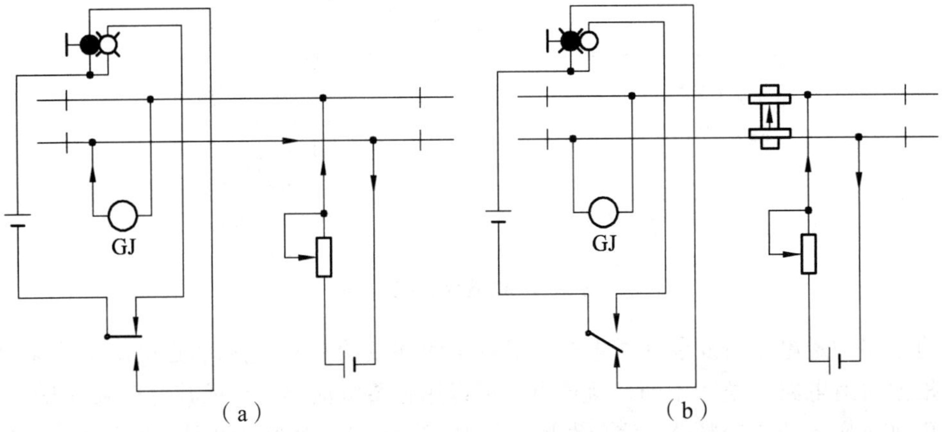

图 1.2　轨道电路的工作原理

轨道电路的工作状态由接收器（即轨道继电器）反映出来，轨道继电器的接点又控制着信号机的显示，信号机的显示指示着列车的运行，列车的运行又称为轨道电路的工作状态，就这样构成了自动控制系统。

四、轨道电路的技术要求

（1）当轨道电路空闲且设备良好时，轨道电路继电器衔铁应可靠吸起。

（2）轨道电路在任何一点被列车占用时，即使只有一个轮对进入轨道电路，轨道继电器应立即释放衔铁。

（3）当轨道电路不完整时，断轨、断线或绝缘破损时，轨道继电器应立即释放衔铁，关闭信号。

（4）对某些轨道电路，还应实现由轨道向机车传递信息的要求。

五、轨道电路分类

1．按工作原理分类

按工作原理分为闭路式轨道电路和开路式轨道电路,传导式轨道电路和感应式轨道电路。

（1）闭路式轨道电路：其发送设备和接收设备分别安装在轨道电路的两端。其特点是当发生断线、断轨或绝缘破损等故障时，由于流经轨道继电器线圈的电流大大减少，所以轨道继电器也会落下，符合信号设备一旦发生故障应倒向安全的原则。

（2）开路式轨道电路：发送和接收设备都安装在轨道电路的同一端，轨道继电器落下表示无车占用。该种轨道电路不符合故障—安全原则，一般情况都不采用。其优点是：对列车的占用反映比较迅速，平时消耗电能较少。因此在驼峰信号设备以及电源比较困难的半自动闭塞区段，常采用两段开路或一段开路一段闭路的形式构成轨道电路。

（3）传导式轨道电路又称电压式轨道电路，感应式轨道电路又称电流式轨道电路。上述所讲的均为电压式轨道电路，电流式轨道电路的原理是：有电源送出交流信号沿钢轨流经负载阻抗时，在钢轨周围产生交变磁场，磁场中放置电感线圈，线圈中产生电动势，使电流接收器工作。

2．按信号电流的性质分类

按信号电流的性质分为直流轨道电路和交流轨道电路。轨道电路的电源采用直流供电的，称为直流轨道电路，它常用在交流电源不可靠的非电力牵引区段，当交流停电时，由平时浮充供电的蓄电池供电。由于该轨道电路安装电源设备较困难、检修不方便和容易受迷流干扰等原因，今年新安装的轨道电路很少采用。

采用交流供电的轨道电路，称为交流轨道电路。下面简单介绍几种交流轨道电路。

（1）交流连续式安全型整流轨道电路：由于该轨道电路的轨道继电器线圈的串联电阻值是 480 Ω，因此又称为“480”型轨道电路。因为该轨道电路电源的频率为 50 Hz，故该轨道电路只能应用于非电化区段。如图 1.3 所示为该轨道电路的结构图。

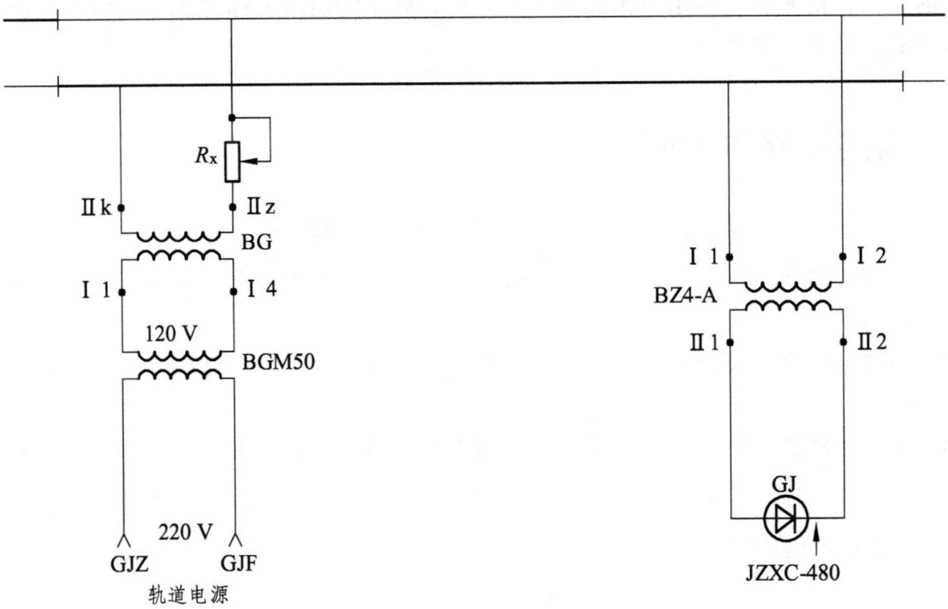

图 1.3 交流连续式“480”轨道电路

（2）2.25 Hz 相敏轨道电路：适用于电化和非电化区段，结构如图 1.4 所示。

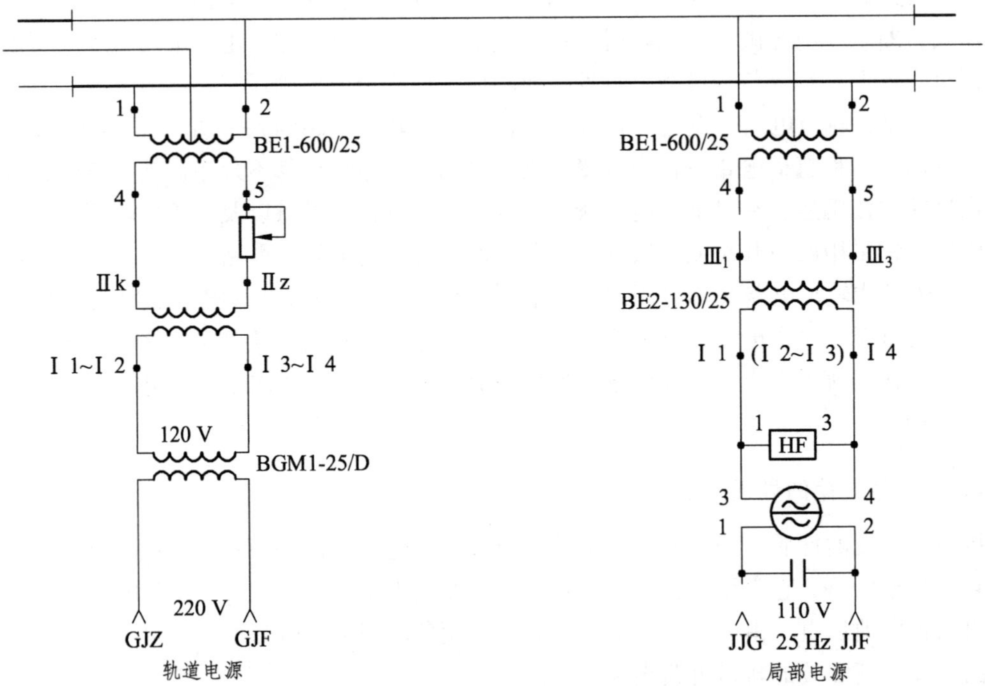

图 1.4 电化区段双扼流 25 Hz 相敏轨道电路

该轨道电路特点有二：一是轨道电路的信号源由铁磁分频器供给 25 Hz 交流电，以区分

50 Hz 牵引电流；二是接收器采用二元二位相敏轨道继电器（JRJC）。由图 1.4 可以看出，该继电器的轨道线圈由送电端 25 Hz 电源经钢轨传输后供电，局部线圈则由 25 Hz 局部分频器供电。轨道继电器工作时，从轨道电路取得较小的功率（约 0.57 W），而大部分功率是通过局部线圈取自局部电源（约 8 W），因而轨道电路的距离可以延长。同时该轨道电路具有可靠的频率选择性和相位选择性，因而它的抗干扰能力较强。

（3）移频轨道电路：可分为非电化区段、电化区段站内和电化区段区间三种轨道电路，这三种轨道电路的动作原理是相同的，电路结构原理如图 1.5 所示。

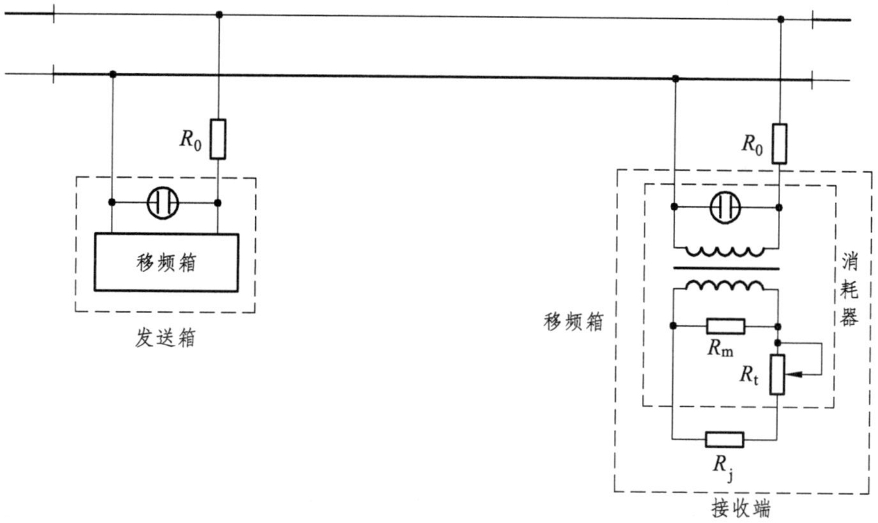

图 1.5　移频轨道电路结构框图

送电端发送的信号由功率放大器直接馈送到钢轨上，图中的 R_0 是引接线电阻，在送电端不设调整电压的元件，因而送电端的电压是不可调的。但是由于发送设备是由电子器件组成，因而送电端的输出电压将会受到电源电压的波动及轨道电路输入阻抗模值变化的影响。在受电端，为了使收到的信号电平比较稳定，轨道上送来的信号要通过衰耗器再接至有关设备。衰耗器中串接可调电阻 R_t，根据轨道电路的长度及线路漏泄情况，调节 R_t 的阻值，就可以达到调整轨道电路接收端电平的目的。

移频轨道电路在钢轨上传送的是经低频调制过的音频信号，该信号是振幅不变，频率由 f_1 与 f_2 交替变化的移频波，音频 f_1 和 f_2 交替变化的频率则由低频信息决定。移频轨道电路的中心载频频率有 4 种，上行线为 650 Hz 和 850 Hz，下行线为 550 Hz 和 850 Hz。频偏 Δf 为 55 Hz，调制信号的频率采用 11 Hz、15 Hz、20 Hz 和 26 Hz，即我们平常所说的四信息。

3. 按机车牵引电流的回归方式分类

按机车牵引电流的回归方式分为单轨条轨道电路和双轨条轨道电路。大部分轨道电路采用后者。

4. 按供电方式分类

按供电方式分为连续式轨道电路和脉冲式轨道电路。连续式轨道电路的电源提供连续的直流或交流电流，轨道继电器在轨道空闲、设备完整的情况下经常吸起，这时轨道继电器线圈中的电流必须在工作值以上或等于工作值。当轨道电路被车占用或断轨情况下，通过轨道继电器的电流必须降低到小于或等于可靠落下值。一般电磁继电器的落下值为工作值的 50%，而可靠落下值为落下值的 60%。因此，当连续式轨道电路被列车占用或断轨时，轨道继电器线圈中的电流必须减小到工作值的 30%才能保证行车安全，这样，轨道电路的极限长度被限制在 1500 m 左右。

脉冲式轨道电路是间歇（断续）供电的，在轨道空闲时，其轨道继电器线圈中的电流也是断续的，所以它的衔铁随着送电端的供电而脉动。为了在正常情况下轨道继电器能可靠地脉动，此时继电器线圈中通入的电流值应是工作值的 1.2 倍（称为可靠工作值）。由于轨道继电器的衔铁在脉冲间隔里自动落下，当轨道电路被车占用或断轨时，只要求轨道继电器不吸起就可以了，这时轨道继电器线圈中的电流应小于或等于继电器的可靠不吸起值。因此，脉冲式轨道电路的极限长度一般可达 2500 m 以上。

5. 按轨道电路的分割方式分类

按轨道电路的分割方式分为有绝缘节轨道电路和无绝缘节轨道电路。对于有绝缘节轨道电路，当相邻轨道电路的钢轨连接时，既要有足够的强度以保证列车运行的安全，又要保证有足够的电气绝缘，以实现电气分隔。目前，我国采用尼龙绝缘节作为分隔设备。但由于上述元件要承受车辆行走时的冲击力、剪切力，所以很容易破损，导致电气隔离性能消失。此外，绝缘节的安装，给长轨无缝线路的应用带来了麻烦。在轨道电路的分割处，为了安装绝缘节，一定要把长轨锯断，从而降低了轨道强度，使线路维护工作复杂化。另外，当绝缘节安装在电气化区段时，则沿钢轨构成的牵引电流回路的连续性被破坏，为此需增设扼流变压器等特殊器件，以便让牵引电流绕过绝缘节。综上所述，有绝缘节轨道电路对列车运行并不理想。

无绝缘节轨道电路又分为自然衰耗式（无电气分割点）和电气隔离式（又称谐振式，有电气分割点）。

当信号电流的频率增加时，钢轨线路阻抗的模值将增大，轨间的漏泄也会增加，因此信号电流的衰耗将增加。信号频率为 20 kHz 左右时，轨道上电流（电压）传输的衰耗是很大的，当向轨道馈送 2 ~ 3 V 的电压时，在距离馈电点百米左右的范围外，电压就会衰耗殆尽，这就是自然衰耗式无绝缘轨道电路的工作原理。通过选择适当的信号频率及发送设备的输出功率，经计算就会得到轨道电路的长度。反之，已知轨道电路的长度，可以确定发送设备的输出功率。

电气隔离式无绝缘轨道电路的工作原理如图 1.6 所示。

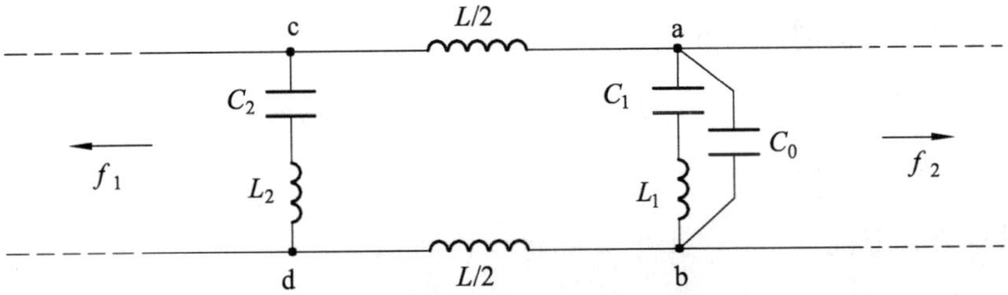

图 1.6　电气隔离式无绝缘轨道电路

图中，abcd 为电气绝缘区域，其中 L_2、C_2 是串联谐振槽路，它的谐振频率是 f_2。对 f_2 而言，cd 槽路好似一根短路线，故 cd 是 f_2 的边界线，它可以阻止 f_2 频率信号向 f_1 区域传输。同样，ab 两点的 L_1、C_1 槽路也是串联谐振回路，它谐振于 f_1 频率，故 ab 两点对 f_1 频率而言，也相当于一根短路线，可以阻止 f_1 频率向 f_2 区域传输，故 ab 两点是 f_1 的边界线。因此，abcd 区域既是电气绝缘接头，又是相邻信号频率的交叉区域。

在一般情况下，频率 f_1、f_2、钢轨电感 L 是已知的。cd 谐振槽路的 L_2、C_2 可按图 1.7（a）三元件二端网络求出。ab 槽路的 C_1、L_1、C_0 可根据图 1.7（b）的四元件二端网络求出。

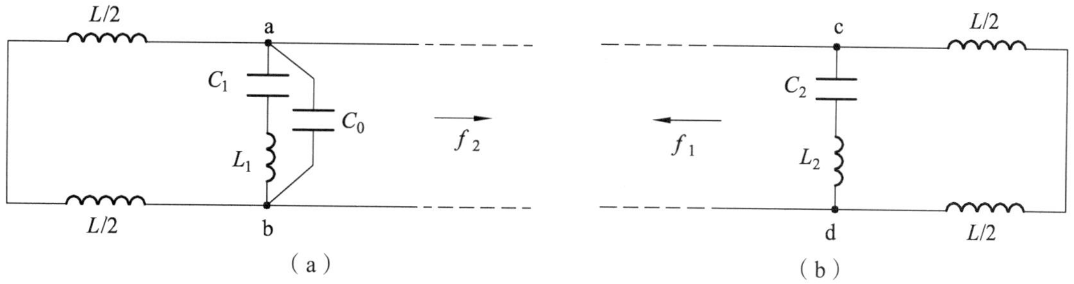

图 1.7　电气分隔点的等效电路

任务二　机车信号

【教学目标】

（1）掌握机车信号的分类。
（2）掌握机车信号显示的意义。

【教学地点及设备】

1. 教学地点

列车监控运行装置应用实训室

2. 设　备

LKJ2000 列车监控装置教学台

【教学内容】

一、机车信号概述

机车信号是指设在司机室内反映列车前方运行条件的信号显示，是一种能够自动显示列车运行前方地面信号机显示的机车车载系统，它可以反映列车的运行条件，通过对接收到的地面信号的处理，得到列车运行前方信号机的显示信息，并将该信息通过机车信号显示机构复示出来。可以说机车信号是设于机车驾驶室内用来反映机车前方运行条件、指导司机运行的信号，是保证铁路行车安全的重要设备之一。

机车信号发展初期，其功能是为了改善司机瞭望条件而向司机复示地面信号。随后在机车信号设备的基础上增加了自动报警、自动停车设备，机车信号设备不仅向司机提供信号显示，同时向后级设备提供信号来源，机车信号成为提高运输安全，实现车上自动报警、自动停车功能所必备的重要车载设备，被作为机车“三大件”之一（见图 1.8）。

图 1.8 通用机车信号

二、机车信号工作原理

机车信号工作原理如图 1.9 所示。

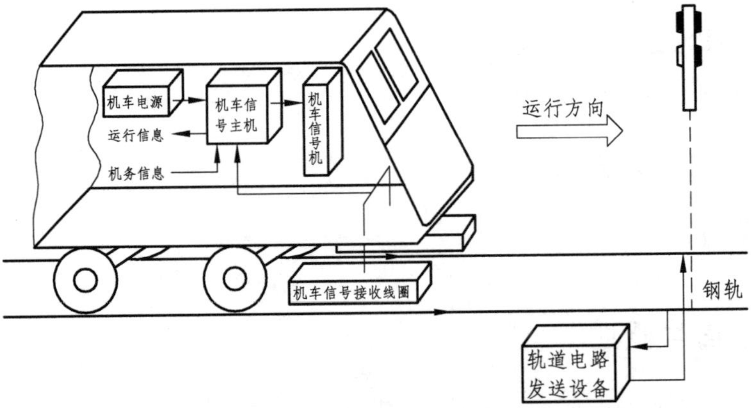

图 1.9 机车信号原理

机车信号车载设备主要由机车信号接收线圈（机车感应器）、机车信号主机、机车信号机组成。地面信号发送设备（轨道电路发送设备）由电动发码器、传输继电器、发送轨道变压器、轨道电路和相应的连接线等组成。轨道电路发出信号电流，在钢轨周围产生交变磁场，被安装在机车头部排挡器下面的两个机车接收线圈接受。接收线圈将接收到的地面信息传递给主机，主机对地面信息进行识别、译码后输出与地面信息相对应的灯显信息，灯显信息通过机车信号机显示出来。

三、机车信号分类

按照从地面向机车传递信息方式的不同，机车信号分为三种类型：点式、连续式和接近连续式。

1. 点式机车信号

点式机车信号主要应用在非自动闭塞区段。只在线路上某些地点（一般在进站信号机外方制动距离附近）设置发送设备，将地面信号机的显示变成信息向机车上发送。它只在这个固定地点复示进站信号机的显示。

2. 连续式机车信号

连续式机车信号主要用在自动闭塞区段，利用自动闭塞分区的轨道电路向机车上传送信息。因此，在整个区间正线上，机车信号能连续地反映前方地面信号机的显示。

3. 接近连续式机车信号

接近连续式机车信号用于非自动闭塞区段，它是点式和连续式的综合。在进站信号机外方制动距离附近的固定地点设置发送设备，并从固定地点到进站信号机之间又加装一段轨道电路。因此它从固定地点开始一直到进站信号机处为止，都连续不断地向机车上传送地面信号的信息，使机车信号机连续复示进站信号机的显示。

我国铁路目前采用的机车信号分为接近连续式和连续式两种。接近连续式多用于非自动闭塞区段。在进站信号机外方制动距离附近的固定地点设置发送设备，并从固定地点到进站信号机之间加装一段轨道电路。从列车最前面的车轮轧在轨道电路上时起，发送装置就连续不断地向机车上传送地面信号的信息，使机车信号机连续复示进站信号机的显示。

连续式机车信号没有距离限制，只要列车在轨道上行驶，被机车第一轮对短路的轨道信号电流就会在钢轨周围产生磁场。装在机车上的感应器接收到信号，经过解码使机车信号机不断地显示与前方地面信号机相同的信号。

随着运输要求的提高和技术的发展，要求将机车信号的译码输出提供给已广泛配备的列车运行监控装置，对机车信号设备的性能要求随之提高，机车信号除了向司机提供显示外，向后级列车运行监控设备提供信息成为一项重要功能。

四、机车信号显示的意义

8 显示机车信号包含 11 种意义。

（1）绿灯：准许按规定速度运行。

（2）绿/黄：准许按规定速度注意运行。

（3）黄灯：要求列车减速到规定的速度等级。

（4）2 黄：预告次架信号机，显示 2 个黄灯。

（5）黄/红：要求及时采取停车措施。

（6）黄/黄：表示列车接近的地面信号机开放经道岔侧向的进路。

（7）红灯：表示列车已越过显示红灯的信号机。

（8）白灯：不复示地面信号机的显示，机车乘务人员应按地面信号显示运行，双线双向自动闭塞反方向按站间闭塞运行。

（9）双半黄色闪光：要求列车限速运行，表示列车接近的地面机开放经 18 号及以上道岔侧向位置进路，且次架信号机开放经道岔的直向或 18 号以上道岔侧向位置进路；或表示列车接近设有分歧道岔路所在的地面信号机开放经 18 号道岔及以上道岔侧向位置进路。

（10）2 黄闪：表示地面信号机显示一个黄色闪光和一个黄色灯光。

（11）红/黄闪光：表示列车接近的进站，或接车进路信号机开放引导信号，或通过信号机显示容许信号。

（12）无显示：机车信号停止工作。

五、机车信号发展史

1. JT1 型通用式机车信号设备

JT1-A/B 型通用式机车信号是采用数字信号处理技术及高速超大规模集成电路设计而成的新一代通用式机车信号装置。JT1-A 型为单套（见图 1.10），JT1-B 型为双套（见图 1.11），设备能够自动接收移频 4 信息、8 信息、18 信息、交流计数（25 Hz、50 Hz、75 Hz 和微码化）信息、极频信息、UM71 信息及 ZPW2000（UM 系列）等自动闭塞信息。通过制式自动识别并处理后，将相应的信息显示在 8 显示机车信号机构上。

其技术特点：

（1）采用高速 DSP 数字信号处理技术，减少了信号反应识别时间，抗干扰能力增强。

（2）JT1–B 型机车信号设备主机的每块主机板采用二取二容错安全结构，并采用双机热备提高系统的可靠性。

（3）使用双面 8 色灯 LED 机车信号显示器提高了显示器的可靠性。

（4）为监控装置提供机车信号灯位、速度等级、绝缘节等信息。

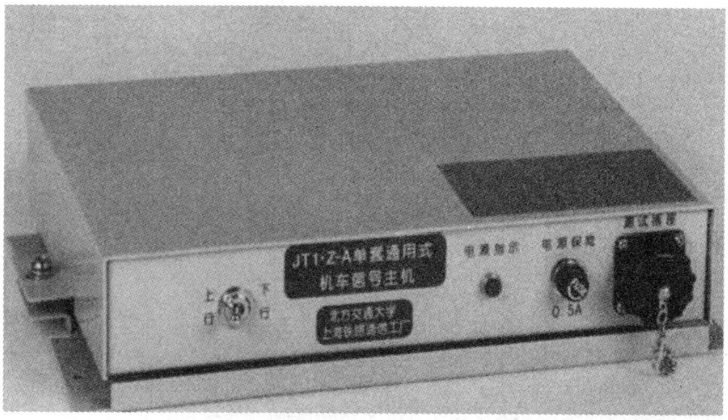

图 1.10 JT1-A（93）型主机

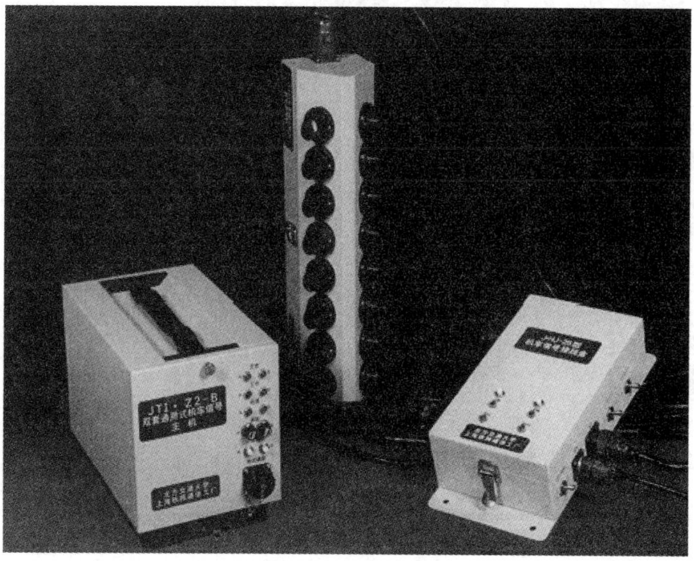

图 1.11 JT1-B（94）型通机整套设备

2. JT1-CZ2000 主体化机车信号设备

JT1-CZ2000 型主体化机车信号车载系统，吸取了 JT1-A/B 型通用式机车信号十多年来大面积推广运用的经验，它采用尖端的 DSP 译码技术、创新性的安全冗余技术、完备的海量数据记录技术，充分满足了铁路信号设备“故障-安全”原则，具备高度可靠与高度可用的特点。该系统于 2002 年 7 月通过铁道部技术审查，2003 年 10 月通过铁道部科技成果鉴定，并已在全路推广使用，为保障中国铁路的提速与发展发挥着重要的作用。

JT1-CZ2000 型主体化机车信号车载系统由主体化机车信号接收主机（含机车信号记录器）、机车信号带电源接线盒、机车信号双路接收线圈、机车信号显示器构成。JT1-CZ2000 型主体化机车信号车载系统设备的构成如图 1.12 所示，显示器可选用双面 8 色灯 LED 机车信号显示器或双面点阵式机车信号显示器。

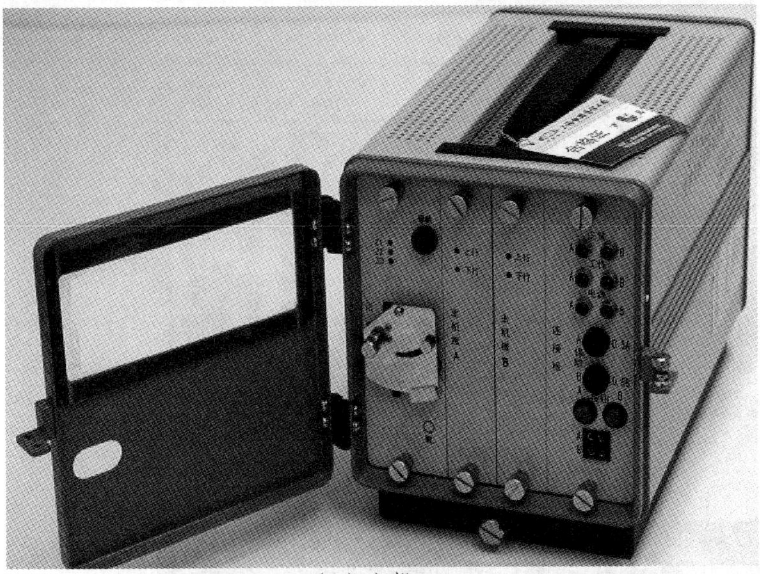

（a）主机

（b）信号机

（c）开关盒

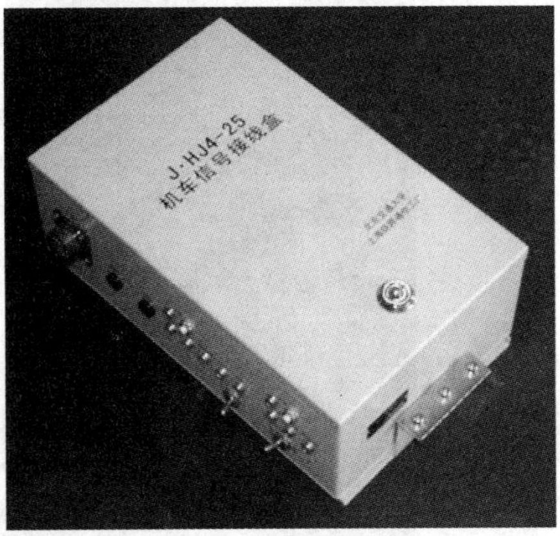

（d）接线盒

图 1.12 JT1-CZ2000 主体化机车信号设备

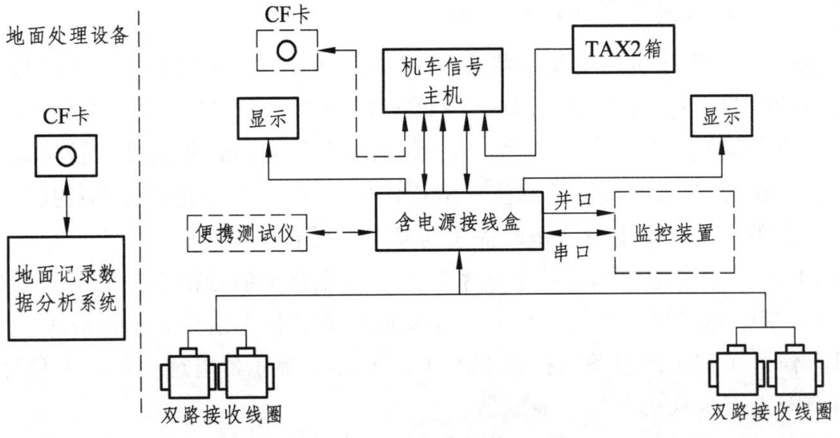

图 1.13 主体化机车信号车载系统设备构成框图

JT1-CZ2000 型主体化机车信号技术特点是：

（1）采用“二乘二取二”的容错安全结构，提高了设备的安全性。

（2）采用 32 位浮点高速 DSP 运算，频域处理和时域处理相结合技术，提高了系统的抗干扰能力。使其抗干扰性能比 JT-A/B 型有较大提高，移频干信比满足用钢轨电流叠加法测试的 3∶1 的要求，UM71 信息接收干信比比 TVM300 略有提高。

（3）具备 UM2000 数字编码信息接收功能加。

（4）采用主机双套热备、双套电源、双路接收线圈接收等冗余技术和 LED 机车信号显示器，提高了系统的可靠性。

该系统的多制式并行接收处理、动态控制安全点灯电源、双路线圈同时接收、系统冗余结构、记录信号原始波形、地面数据处理软件等技术具有创新性。

3. JT-C 一体化机车信号设备

JT1-CZ2000 型一体化机车信号车载系统设备是根据 2000 年铁道部科技司“主体化机车信号的研制”项目要求，开发设计的新一代机车信号设备。JT1-CZ2000 型一体化机车信号车载系统设备采用了“2 乘二取二”的冗余容错安全结构，满足铁路信号设备的“故障-安全”要求。其技术已经广泛应用于轨道车机车信号领域，并在城市轨道交通领域得到应用。JT1-CZ2000 型机车信号车载系统在全路使用，其系列产品占全路机车信号保有量的 90% 以上，在多次铁路大提速中起到了重要作用，创造了巨大的经济效益和社会效益，获得了各个路局的广泛认可。2008 年 11 月，JT1-CZ2000 型机车信号车载系统获得铁道部科技进步一等奖。

该设备符合《JT-C 系列机车信号车载系统设备技术规范（暂行）》（科技运函 2006[82]号）和《JT-C 系列机车信号车载系统设备安装规范（暂行）》（运基信号 2006[243]号），适用于运行速度 160 km/h 及以下的内燃机车、电力机车、动车组。

其主要技术特点：

（1）采用“2 乘二取二”的冗余容错安全结构，机车信号主机内双套热备、双套电源、双路接收线圈接收等冗余措施，提高设备的安全性与可靠性。

（2）采用 32 位浮点高速 DSP 运算、频域处理和时域处理相结合技术，提高接收设备可靠工作的干信比。

（3）各制式信号并行处理，提高了信息译解速度。

（4）采用带有动态控制点灯电源的故障安全电源，进一步提高了系统的安全性。

（5）配套研制了双面点阵式 LED 显示器，或者使用配套的双面 8 色灯 LED 显示器，可靠性高，功耗低。

（6）预留 CAN 总线和 RS485 输出，为机车计算机系统一体化、远程监测等设备提供了条件。

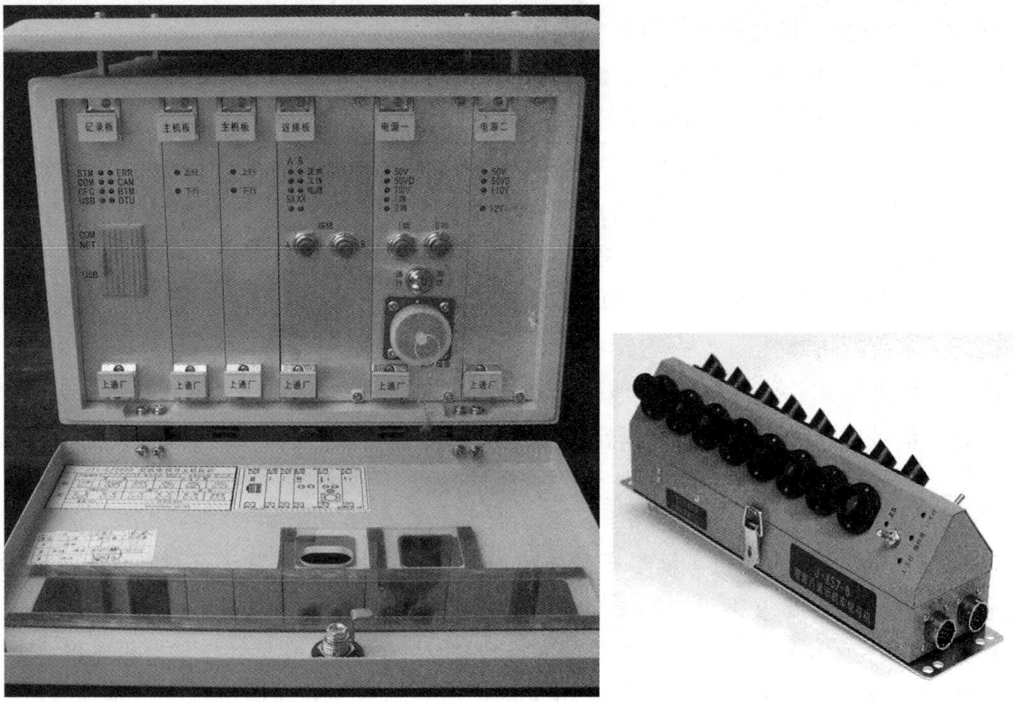

（a）主机　　　　（b）信号机

图 1.14　JT-C 一体化机车信号设备

复习思考题

1. 轨道电路由哪几部分组成？
2. 轨道电路有哪几种工作状态？
3. 轨道电路的工作原理是什么？
3. 机车信号的分类？
4. 8 显示机车信号包含的 11 种意义是什么？

项目二　机车综合无线通信设备（CIR）与列尾装置

【项目描述】

机车综合无线通信设备简称 CIR，它是新一代的铁路无线通信车载设备，不但具备既有铁路无线列调机车电台的全部业务功能，还能够提供提速铁路无线调度命令接受、车次号校核、列尾风压查询等新业务功能，更是高速铁路 GSM-R 无线通信系统不可或缺的一员。

列车尾部安全防护装置简称列尾装置，是用于货物列车取消守车后，在尾部无人值守的情况下为提高铁路运输的安全性而研制的专用运输安全装置；是应用计算机编码、无线遥控、语音合成、计算机处理技术，保证列车运行安全而设计生产的安全防护设备；是重要的铁路行车设备。

【教学目标】

1. 能力目标

（1）掌握 CIR 的各项操作。

（2）掌握列尾装置的各项操作。

2. 知识目标

（1）认识 CIR 的系统组成。

（2）了解 CIR 系统各项功能。

（3）掌握列尾装置的系统硬件组成。

（4）掌握列尾装置的功能。

3. 素质目标

（1）培养敬业爱岗、遵章守纪、乐于奉献的职业精神。

（2）牢记安全第一、以质量促安全的职业规范。

任务一　CIR 的功能与认知

【教学目标】

（1）掌握机车综合无线通信设备（CIR）系统组成。

（2）掌握机车综合无线通信设备（CIR）整机功能。

【教学地点及设备】

1. 教学地点

列车监控运行装置应用实训室

2. 设 备

LKJ2000列车监控装置教学台

【教学内容】

一、机车综合无线通信设备（CIR）组成

机车综合无线通信设备（CIR）是基于GSM-R数字移动通信技术、GPS全球定位技术、450 MHz及800 MHz模拟无线电台通信技术等开发的综合车载通信设备。它与地面的GSM-R设备和450 MHz、800 MHz等地面设备等共同组成一个完整的铁路综合无线通信网。机车综合无线通信设备由主机、操作显示终端（以下简称 MMI）、送受话器、扬声器、打印终端、连接电缆、天馈单元及机车数据采集编码器等构成。

机车综合无线通信设备（CIR）整机外观如图1.15所示。

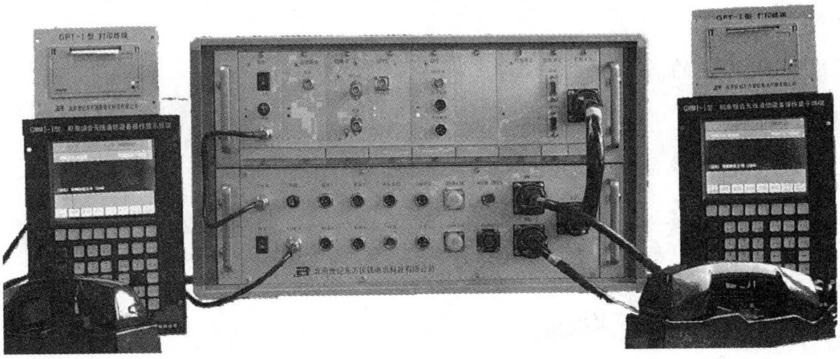

图 1.15 机车综合无线通信设备整机外观

CIR设备构成原理框图如图1.16所示。

MMI包括显示器、送受话器、扬声器、按键、外部接口等。

主机包括机柜（含子架）、总线板、主控单元、电源单元、后备电源（蓄电池）单元、GPS单元、GSM-R话音单元、GSM-R数据单元、高速数据单元、记录单元、天馈单元、接口单元、450 MHz机车电台单元（450 MHz调度命令单元）、800 MHz列尾和列车安全预警车载电台（简称800 MHz车载电台）单元等，各组成部分模块化，可根据功能要求进行模块配置。

其中450 MHz机车电台、800 MHz车载电台、天馈等单元安置在机柜内或单独放置。

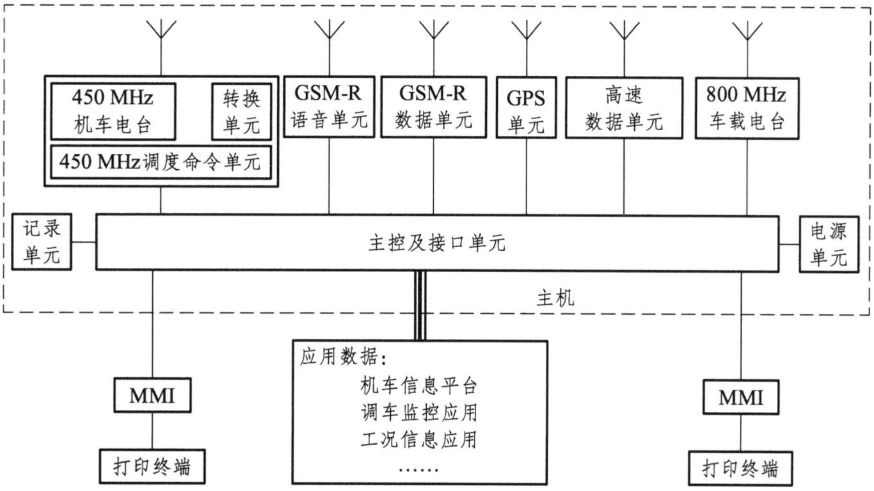

图 1.16　设备构成原理框图

二、主　机

CIR 主机机柜包括 A 子架、B 子架。A 子架包括主控单元、电源单元、电池单元、卫星定位单元、GSM-R 话音单元、GSM-R 数据单元、高速数据单元、记录单元；B 子架包括接口单元、450 MHz 机车电台单元、800 MHz 列尾和列车安全预警车载电台（简称 800 MHz 车载电台）单元等，子架内各单元装配位置如图 1.17 所示。

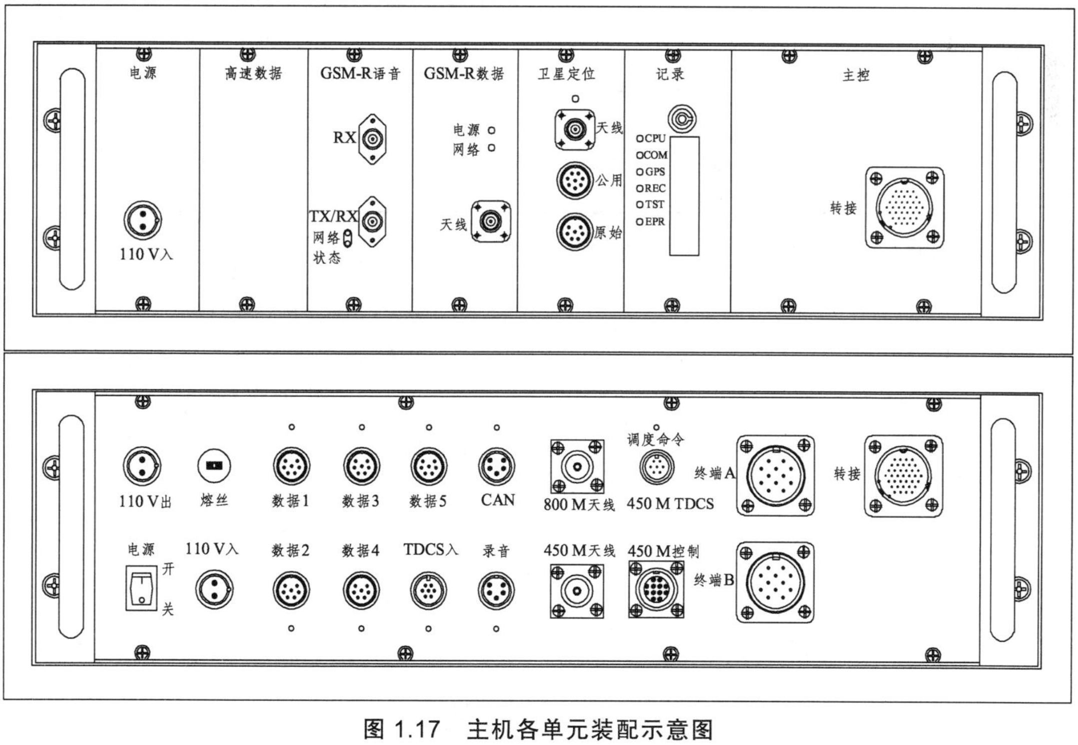

图 1.17　主机各单元装配示示意图

受安装条件限制时 450 MHz 机车电台、800 MHz 车载电台等单元可外置接入 B 子架。

三、MMI

MMI 包括 5.7″显示屏、按键、外部接口，其外观示意图如图 1.18、图 1.19 所示。

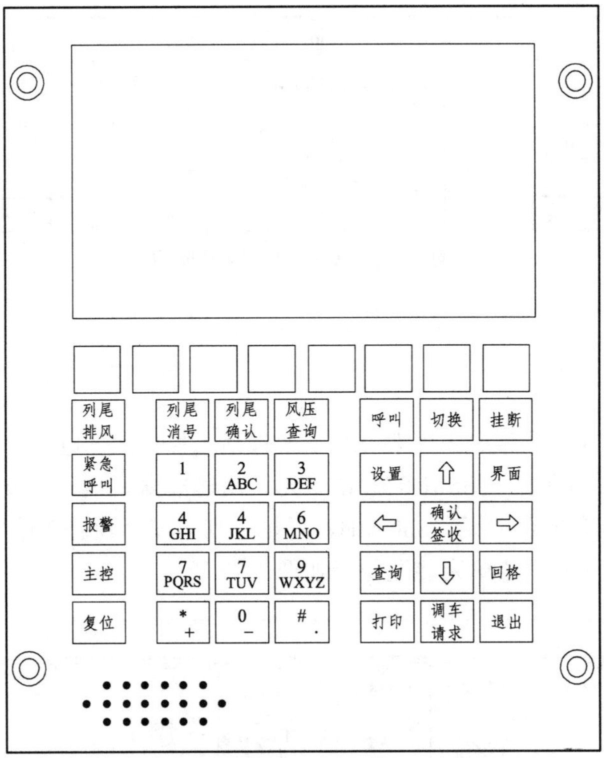

图 1.18　MM1 外观示意图（一）

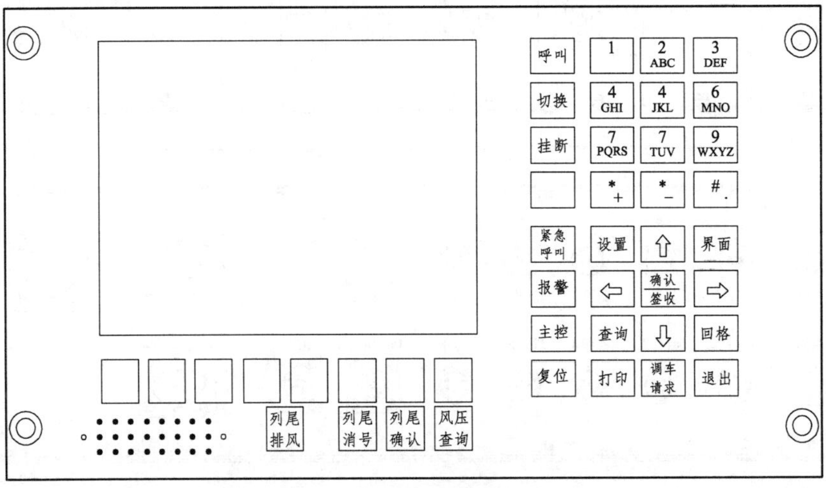

图 1.19　MMI 外观示意图（二）

CIR 设备根据功能模块的选配情况可实现不同机车设备功能。

1. MMI 面板按键介绍

竖立式和横向式 MMI 面板上的按键定义是相同的，具体按键功能如下。

“报警”按键：用于发送 800 M 二次防护报警信息。

“紧急呼叫”按键：用于发起 GSM-R 铁路紧急呼叫。

以上按键颜色为红底白字。

“复位”按键：能对主机进行重新启动；按键颜色：黑底红字。

“主控”按键：实现副控状态到主控状态的切换；按键颜色：黑底白字。

“呼叫”按键：在完成拨号后按该键进行呼叫；按该键 3 s 以上呼叫另一个操作显示终端。

“切换”按键：用于处于通话中与等待中的电话之间切换。

“挂断”按键用于挂断通话。

数字及字母按键：用于拨号、输入车次号、输入机车号等。

“设置”按键：用于进入设置界面。

“界面”按键：用于界面之间的切换。

“确认/签收”按键：用于确定选择信息、调度命令签收等。

“查询”按键：用于查询调度命令等。

“回格”按键：用于删除已输入的字符。

“打印”　按键：用于打印调度命令等。

“调车请求”按键：用于发送调车请求。

“退出”按键：用于返回上级界面。

“←”“↑”“→”“↓”按键用于移动光标，调节音量，翻页等。

以上按键颜色为灰底黑字。

“列尾排风”“列尾消号”“列尾确认”“风压查询”按键用于完成列尾规定的功能，“列尾排风”按键颜色：红底白字；“列尾消号”；“列尾确认”；“风压查询”按键颜色：灰底黑字。

8 个可配置式按键：根据工作模式定义按键，用于调度通信的呼叫；按键颜色：灰底。

四、整机功能

（1）具有 450 MHz 通用式机车电台的调度通信功能。

（2）具有 450 MHz 通用式机车电台承载的列车尾部风压、无线车次号、调度命令等数据信息的传输功能。

（3）具有 GSM-R 调度通信功能。

（4）具有 GSM-R 通用数据传输功能，根据承载业务的需要提供 GPRS 或电路方式数据传输链路。

（5）具有《800 MHz 列尾和列车安全预警系统主要技术条件（暂行）》中规定的车载电台的功能。

（6）具有无线宽带数据传输功能。

（7）具有工作模式自动、手动转换功能和语音提示功能。

（8）具有上、下行线路分别设定工作模式转换点的功能。

（9）根据卫星定位信息无法确定唯一的运行线路时，具有提示并手动选择运行线路的功能。

（10）卫星定位单元失效时，具有手动转换工作模式和选择运行线路的功能。

（11）具有输出卫星定位原始信息、公用位置信息的功能。

（12）MMI 具有调度通信、通用数据传输所需的操作、状态显示以及语音提示功能。

（13）具有主、副 MMI 之间通话功能。

（14）具有话音、数据业务和状态信息记录及转储功能。

（15）具有整机自检功能和故障定位功能（故障定位到单元模块），包括 450 MHz 机车电台单元、800 MHz 车载电台单元、GSM-R 话音单元、GSM-R 数据单元、记录单元、卫星定位单元、MMI、机车数据采集编码器、电池单元，并可将自检结果发送到库检设备。

（16）具有人工系统复位功能。复位重启后自动进入原注册状态。

（17）主机关机时，具有电池单元放电电压检测功能。

任务二　MMI 的操作

【教学目标】

熟练掌握 MMI 各项操作。

【教学地点及设备】

1. 教学地点

列车监控运行装置应用实训室

2. 设　备

LKJ2000 列车监控装置教学台

【教学内容】

一、基本操作

1　开　机

机车加电时 CIR 设备应自动加电运行。加电后，MMI 根据上次关机时的状态进入 450 MHz 模式[见图 1.20（a）]或 GSM-R 模式主界面[见图 1.20（b）]。若机车加电后 CIR 设备没有自动加电运行，检查 CIR 供电电源开关是否打开。

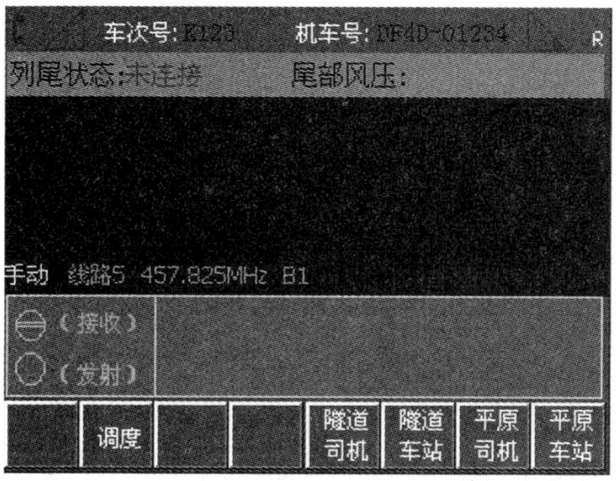

（a）450 MHz 模式主界面

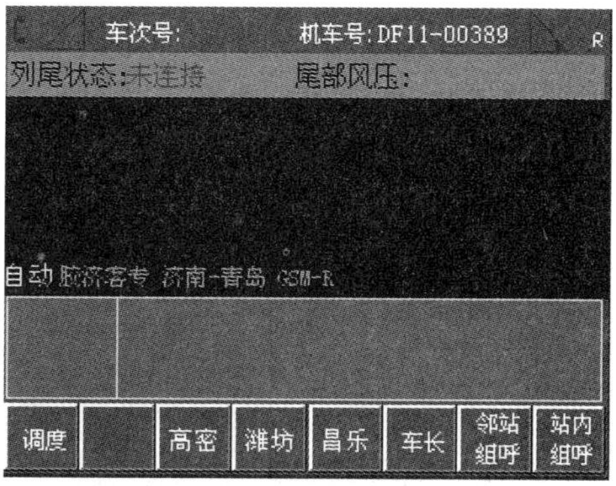

（b）GSM-R 模式主界面

图 1.20

2. 主控切换

开机后，MMI 处于副控状态，此时可配置按键区无显示，司机需按下“主控”键 3 s 以上，手动将 MMI 切换至主控状态（见图 1.21）。

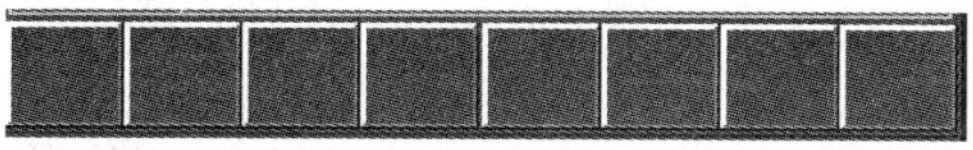

（a）副控状态的功能按键区

（b）450 MHz 模式下主控状态的功能按键区

（c）GSM-R 模式下主控状态的功能按键区

图 1.21　不同模式下的功能按键

3. 界面介绍

MMI 在守候状态下的主界面（见图 1.22）从上到下依次分为：基本信息显示区、列尾状态显示区，安全预警显示区、工作模式及运行线路显示区、调度通信状态显示区和功能按键显示区等 6 个区域。

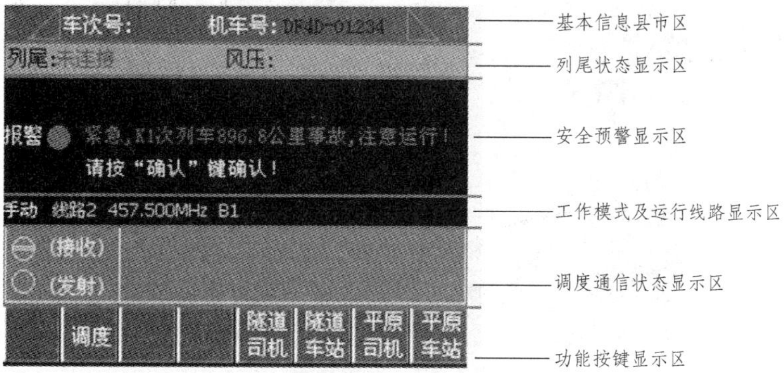

图 1.22　MMI 主界面

基本信息显示区：在这个显示区域，显示内容包括扬声器、听筒的音量、车次号和机车号、场强信息等。左侧的图标显示的是扬声器或听筒的音量，在挂机状态下显示扬声器音量，在摘机状态下显示听筒音量。在 GSM-R 工作模式下，右侧的场强信息图标显示设备接收到的 GSM-R 话音单元网络信号强度。车次号和机车号内容显示为白色时，表示功能号已注册，显示为黑色时表示功能号未注册。

列尾状态显示区：此区域显示与列尾相关的各种信息。主要信息包括列尾的连接状态、风压数值等。在与不同制式的列尾配合使用时，显示的内容不同。

安全预警显示区：此区域显示列车安全预警信息。在 CIR 设备装备有 LBJ 单元时，此区域显示列车防护报警的各种状态提示信息。

工作模式及运行线路显示区：此区域显示工作方式、线路名称、运行区段、工作模式等信息。

调度通信状态显示区：此区域显示调度通信的呼出、呼入、通话等状态信息，在 450 MHz 工作模式下，还显示 450 MHz 机车电台的收发状态，红色图标亮表示发射机发射，绿色图标上半圆亮表示接收到异频信号，下半圆亮表示接收到同频信号。

功能按键显示区：此区域用于显示司机可单键发起呼叫的按键名称，在 450 MHz 模式下显示“调度”“隧道司机”“隧道车站”“平原司机”“平原车站”，在 GSM-R 模式下显示“调度”“车长”“邻站组呼”“站内组呼”，以及根据列车运行位置显示的车站名称。

4．工作模式选择

1）自动选择线路

在 MMI 主界面下按“设置”键，进入设置界面（见图 1.23），根据屏幕提示按方向键将光标移动到“2、运行区段”，也可以按数字键“2”快速定位至选项，按“确认”键进入“线路选择”界面（见图 1.24），移动光标到“1、自动模式”，再次按“确认”键，此时 CIR 设置为线路自动切换模式。

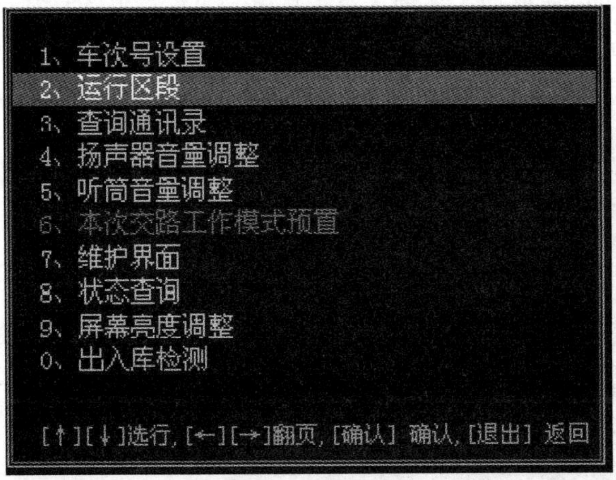

图 1.23 设置界面

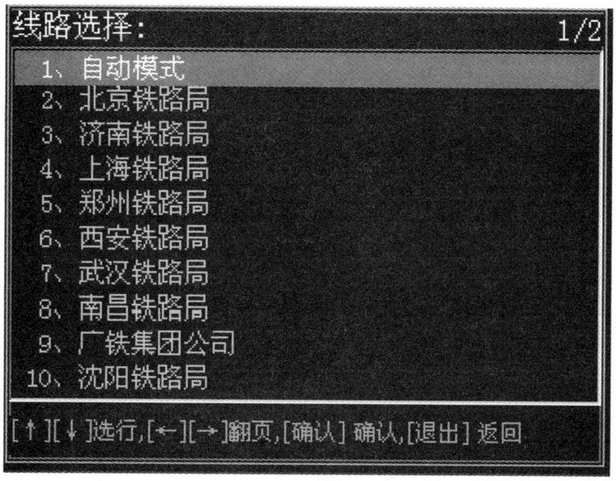

图 1.24　线路选择界面

CIR 将根据位置信息自动在 450 MHz 和 GSM-R 两种工作模式间切换，在 450 MHz 模式下可自动转换工作制式和频点；在 GSM-R 模式下可自动变换功能按键显示区的车站名称。

2）手动选择线路

在 MMI 主界面下按“设置”键，进入设置界面，选择“2、运行区段”，按“确认”键进入线路选择界面，此时屏幕上会列出所有的路局。选择路局后按“确认”键，此时屏幕上列出该路局主要的运行线路（见图 1.25）。选中线路后，再次按下“确认”键，即可转到相应运行线路的工作模式。手动选择线路后，即使卫星定位信息有效，工作模式、车站名称也不随位置信息自动变化。

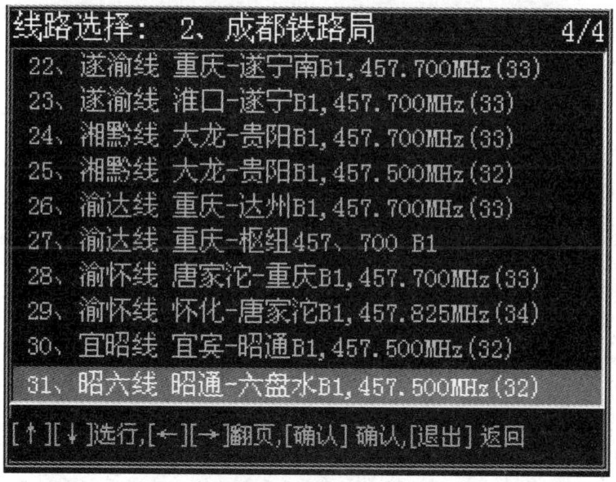

图 1.25　手动线路选择界面

3）运行线路选择

除以上所述自动、手动选择线路的方式外，还有在指定运行线路下的选择方式，即：当 MMI 发出语音提示“通信转换，请选择线路”时，司机可按“切换”键调出运行线路选择界面（见图 1.26），选择运行线路。

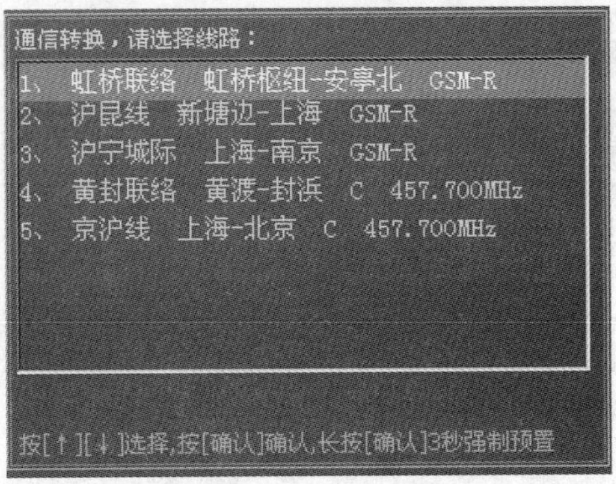

图 1.26 运行线路选择界面

5. 车次号注册

CIR 在 GSM-R 工作模式下必须进行车次号注册。

车次号注册过程如下：

GSM-R 模式下，在主界面下按“设置”键，进入设置界面（见图 1.27）。将光标移动至“1、车次功能号注册”并按“确认”键。根据 MMI 屏幕下方的提示，手动输入车次号后按“确认”键，在随后弹出的选择机车牵引任务状态界面（见图 1.28）上选择“本务机”或“补机”，再次按下“确认”键后，CIR 即向 GSM-R 网络注册车次功能号（见图 1.29）。

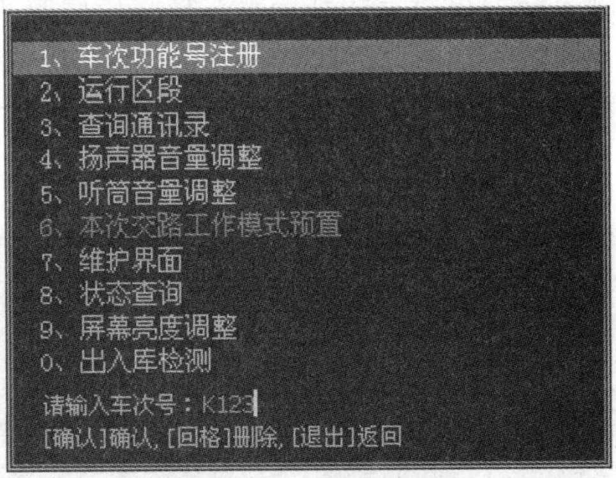

图 1.27 输入车次号

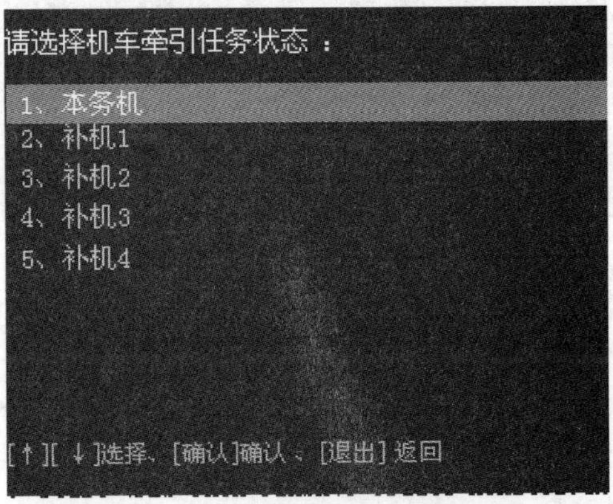

图 1.28 选择机车牵引任务状态

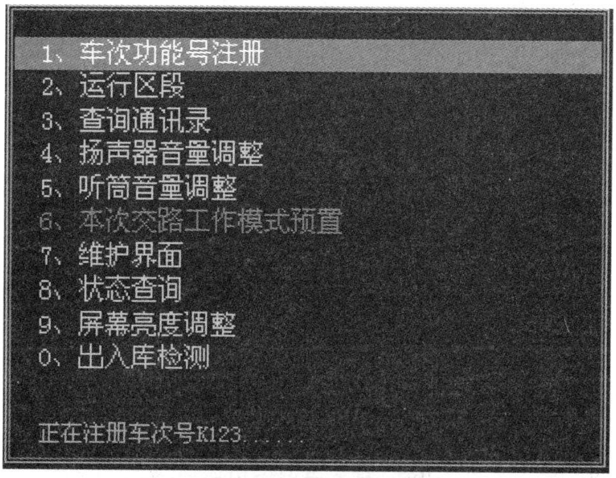

图 1.29　注册车次号

450 MHz 模式下，设置车次号的操作过程与 GSM-R 模式下的注册过程一样，但“确认”后不进行功能号注册（见图 1.30）。

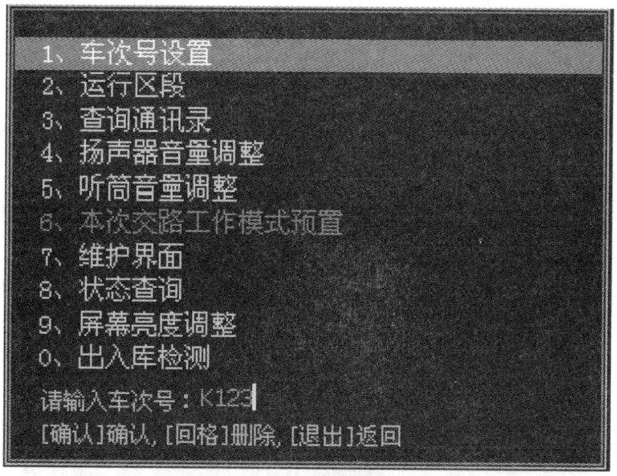

图 1.30　输入车次号

二、通　话

1. GSM-R 通话

GSM-R 通话分为 CIR 与调度员通话、与车站值班员通话、与运转车长通话、邻站组呼、站内组呼、紧急呼叫和广播。

1）与调度员通话

在主界面下按“调度”键呼叫该区段列车调度员（见图 1.31），通话过程中需要按 PTT 讲话。

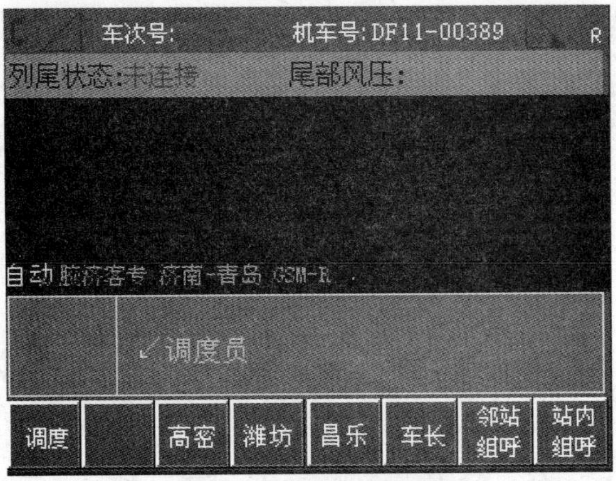

图 1.31　与调度员通话

有调度员呼入时，在 MMI 上显示呼叫方信息并伴有振铃提示（振铃声），此时司机摘机即可进行通话。

2）与车站值班员通话

司机根据功能按键显示区显示的站名按下相应的按键，可以呼叫车站值班员（见图 1.32），通话过程中需要按 PTT 讲话。

有车站值班员呼入时，在 MMI 上显示呼叫方信息并伴有振铃提示（振铃声）。

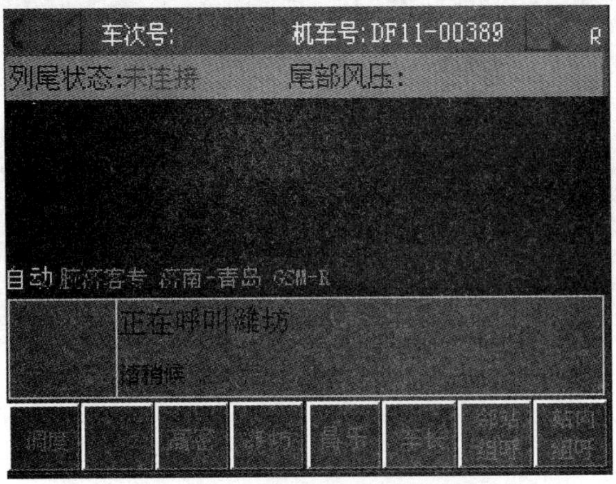

图 1.32　CIR 呼叫车站值班员

3）与运转车长通话

在主界面下按“车长”键，可以呼叫运转车长（见图 1.33），通话过程中需要按 PTT 讲话。

有运转车长呼入时，在 MMI 上显示呼叫方信息并伴有振铃提示（振铃声）。

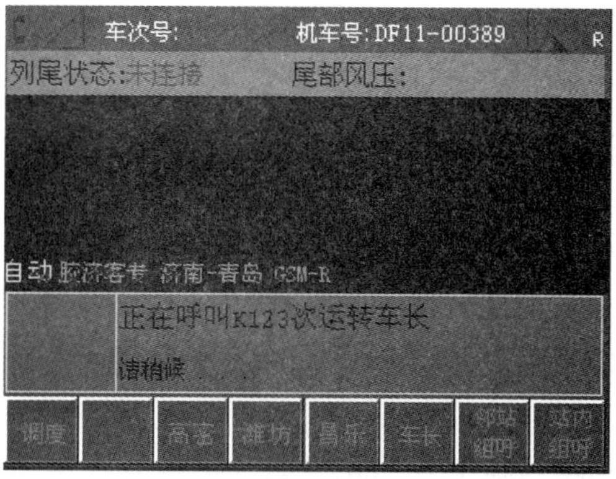

图 1.33　CIR 呼叫运转车长

4）邻站组呼

在主界面下按“邻站组呼”键可以发起邻站组呼（见图 1.34），呼叫列车所在位置的相邻 3 个车站及站间区间的相关用户，在通话过程中，需要讲话时按 PTT，当看到屏幕显示送受话器图标时即可讲话，送受话器图标显示不可用时不能讲话。

有邻站组呼呼入时，CIR 自动加入通话，此时屏幕显示组呼呼入信息，扬声器播放话音。

（a）不能讲话

（b）可以按 PTT 讲话

图 1.34　邻站组呼

5）站内组呼

主界面下按“站内组呼”键，发起站内组呼（见图 1.35），呼叫列车所在的车站基站区内相关用户，通话过程与邻站组呼一样。

有站内组呼呼入时，CIR 自动加入通话，此时屏幕显示组呼呼入信息，扬声器播放话音。

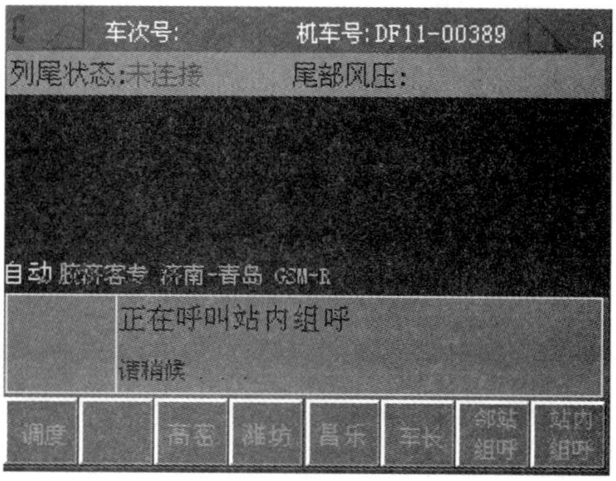

图 1.35　CIR 发起站内组呼

6）铁路紧急呼叫

司机按下“紧急呼叫”键，发起铁路紧急呼叫。此时 CIR 若处于其他通话状态，退出正在进行的通话并优先发起铁路紧急呼叫。

有紧急呼叫进入时，CIR 自动加入通话，此时屏幕显示呼入信息，扬声器播放话音。在通话过程中的操作与组呼相同。

结束紧急呼叫时，发起方司机按下“挂断”键或直接挂机。

铁路紧急呼叫为最高优先级的组呼，接收方不能自己退出，除非呼叫发起方主动结束呼叫或由调度员人工拆除。

注意：司机必须慎用铁路紧急呼叫功能。

7）接收广播呼叫

有广播呼入时，CIR 自动接听，此时屏幕显示广播呼入信息，扬声器播放话音。广播过程中，只能收听不能讲话。

8）拨号呼叫

除以上单键发起呼叫外，司机还可以直接输入被叫方的功能号或电话号码，按“呼叫”键发起呼叫（见图 1.36）。

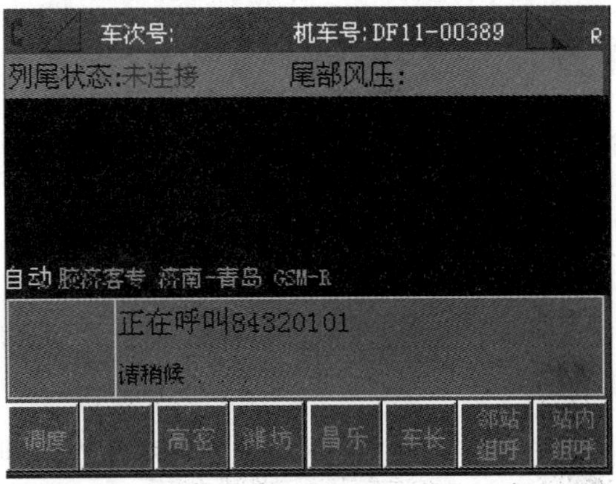

图 1.36 拨号呼叫

9）重 拨

主界面下按“呼叫”键，屏幕上显示司机上一次拨打过的号码，按“回格”键可修改或重新输入号码，再次按“呼叫”键能够方便地进行重拨。

2. 450 MHz 通话

1）450 MHz 主呼

在守候状态下摘机，根据需要呼叫的对象按下屏幕下方相应的按键即可以发起呼叫（见图 1.37）。通话过程中需要按 PTT 讲话。

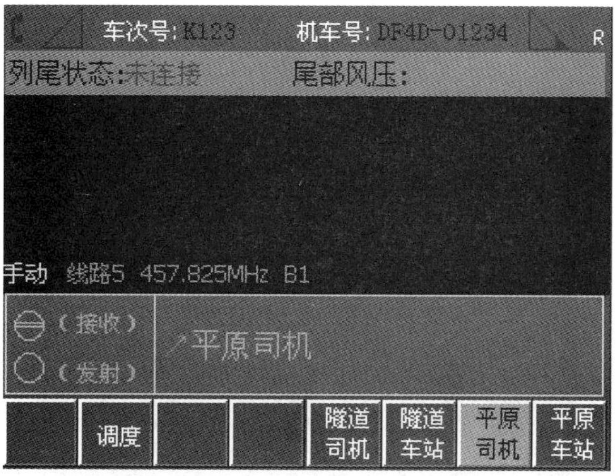

图 1.37 与平原车站通话中（CIR 发起）

2）450 MHz 被呼

450 MHz 状态下被呼时，通过扬声器可听到对方的话音，此时摘机即可与对方通话，若未摘机，则通话将在 10 s 左右后自动挂断。通话过程中需要按 PTT 讲话。

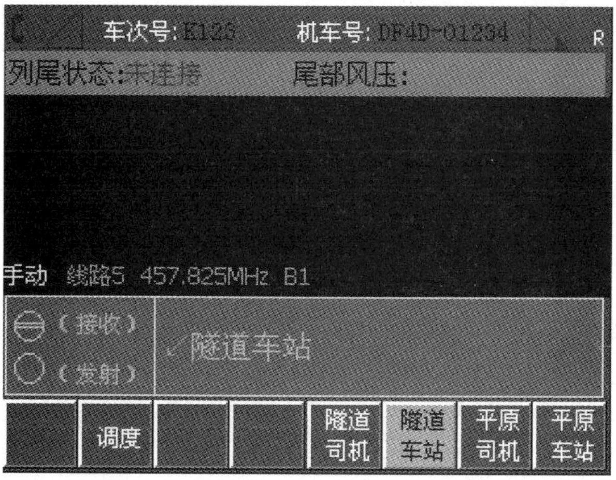

图 1.38 与隧道车站通话中（CIR 接收）

三、运行中线路转换及相关操作

CIR 的工作方式为自动时，由卫星定位单元根据当前运行位置来确定 CIR 的工作模式。

当列车运行过程中 CIR 无法区分两条及以上的运行线路，需要进行线路选择时，MMI 发出语音提示“通信转换，请选择线路”，司机按“切换”键调出线路选择界面，选择运行线路。

在运行过程中，如果 CIR 判断列车的实际运行线路与司机选择的运行线路不符，MMI 自动弹出运行线路确认界面并提示“请确认线路”，司机重新选择运行线路。

四、调度命令信息

调度命令信息包含调度命令、行车凭证、列车进路预告等信息。其中，列车进路预告是应用最多的一种调度命令信息，该信息由 CTC 设备自动向辖区内的运行列车发送。调度命令显示界面如图 1.39 所示。

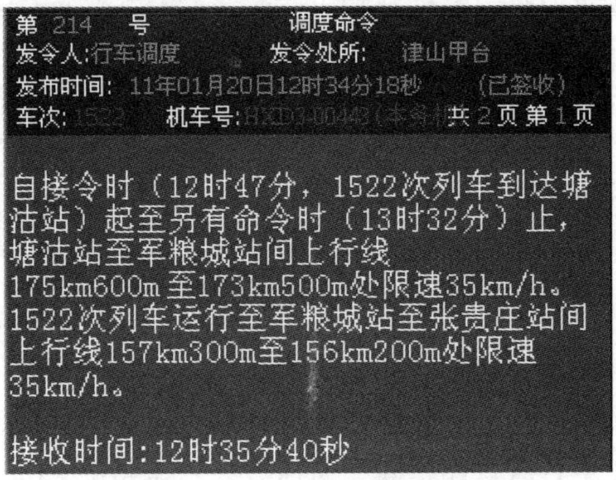

图 1.39 调度命令显示界面示例

MMI 调度命令显示界面分为调度命令信息显示区和调度命令正文内容显示区。

调度命令信息显示区：显示凭证名称、调度命令编号、发令处所、调度命令发布时间、车次号和机车号、调度命令签收状态等信息。

正文内容显示区：显示调度命令正文内容、签收时间、签收地点等信息。CIR 未连接 LKJ 时，签收地点信息显示“无”。

1．阅读和签收

CIR 接收到调度命令信息后，MMI 显示接收到的调度命令信息，MMI 发出提示“调度命令，请签收”。司机阅读完调度命令信息后按“签收”键进行签收，MMI 在 10 s 后自动返回主界面。较长的调度命令会分页显示（见图 1.40），司机应阅读完后再签收。如果未阅读至最后一页按“签收”键会提示“请阅读完再签收”。

未签收的调度命令信息每间隔 15 s 重复显示，提醒司机签收。

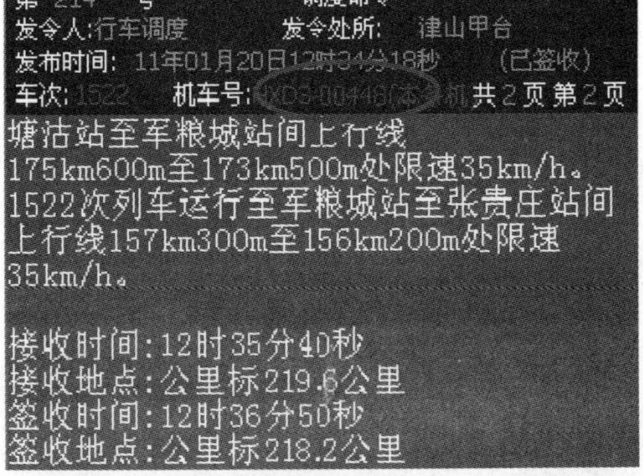

图 1.40 多页调度命令（最后一页）

2. 打　印

在调度命令界面下，按“打印”键，打印终端即打印当前显示的调度命令信息。

3. 查　询

在主界面下按“查询”键，进入查询界面（见图 1.41）。移动光标选择要查询的调度命令信息类型，然后按“确认”键，屏幕上显示查询到的调度命令信息索引列表，将光标移动到要查看的条目上按“确认”键，即可查看该条调度命令信息的全部内容。

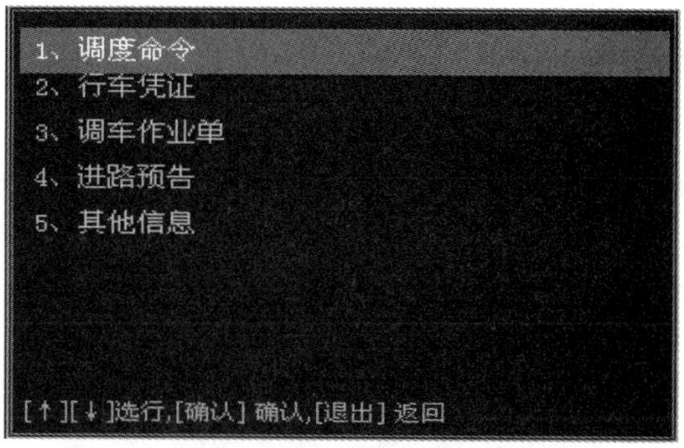

图 1.41　调度命令查询界面

任务三　列尾装置

【教学目标】

（1）掌握列尾装置的主要功能。
（2）掌握列尾装置的主要组成。

【教学地点及设备】

1. 教学地点

列车监控运行装置应用实训室

2. 设　备

LKJ2000 列车监控装置教学台

【教学内容】

一、概　述

列尾装置全称为列车尾部安全防护装置，是货车取消守车后，在尾部无人值守情况下，为了保证列车运行安全而研制的，综合应用计算机编码、无线遥控、语音合成、计算机处理等技术的专用安全防护设备，也是重要的铁路行车设备。

通过列尾装置，机车乘务员能够及时准确地掌握列车尾部风压，当列车尾部风管因非正常泄露低于规定限值时，该设备可以自动报警；当车辆折角塞门被意外关闭时，机车乘务员可操纵列车尾部装置进行尾部排风辅助制动，以防止列车“放飏”事故；该设备还可兼作列车昼夜尾部标志（白天用红白相间斜彩条标识，夜间用红色发光管闪光标识），除对列车起防护作用之外，还用以表示列车完整、标示列车尾部的位置等。

二、列为装置的主要功能

（1）列车尾部风压查询。
（2）列车尾部低风压报警。
（3）列车尾部排风制动。
（4）列尾主机电池电量不足告警。
（5）列车尾部标识。
（5）黑匣子记录功能。

三、普通列尾装置的系统构成及工作原理

1. 普通列尾装置

1）列车机车部分

列尾装置司机控制盒（见图 1.42）可选固定机车控制盒或手持控制台。列尾控制盒的附属设备包括列尾装置输号器、列尾装置司机控制盒检测仪、列尾装置司机控制盒数据转存仪、列尾装置车载电台。

图 1.42 列尾控制盒

2）列车尾部部分

列尾装置尾部主机简称列尾主机。列尾主机附属设备包括中继器、检测台、确认仪、主机电池、电池充电器、列尾数据读取仪、简易场强仪、屏蔽室，如图 1.43 所示。

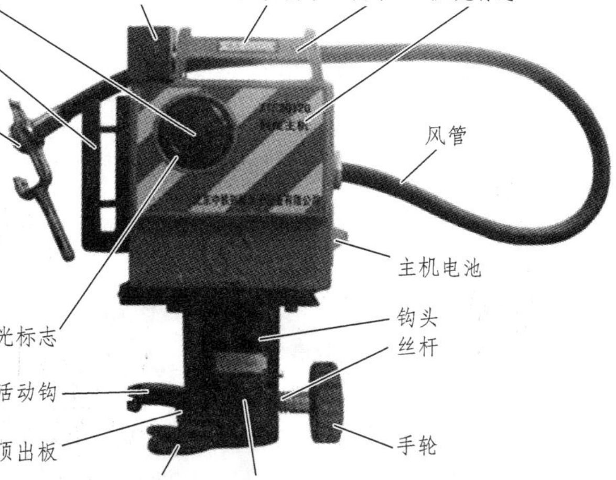

图 1.43 列尾主机

3）列车尾部安全防护装置数据处理系统

列车尾部安全防护装置数据处理系统主要由计算机和数据下载、处理软件构成，可以对列尾装置有关数据进行下载分析。

2. 列尾装置的工作原理

1）列尾主机的主要功能

列尾主机是封装于全封闭壳体内的系统。由高集成微控制器系统、列尾装置运用数据记录、调制解调器、双余度电磁阀、电池组、电台、压力传感器、主风管等部件组成。

列尾主机内设有本机出厂 ID 编号，安装于列车尾部车钩或提钩杆上，与列车尾部制动软管连接。主要用于实时监测列车尾部风压、实现列车尾部排风制动、尾部标识（白天用红白相间斜彩条标识，夜间用红色发光管组闪光标识）等功能。

列尾主机自带锁闭机构，可实现列尾主机与列车车钩或钩提杆牢固锁闭。

2）司机控制盒的主要功能

司机控制盒内设有本务机车的机车号码，有确认、风压查询、尾部排风和列尾主机消号等功能键；带有数码显示，待机状态时显示机车号码，查询时（或低风压告警时）显示列车的尾部风压，2 s 后又显示机车号码；自带语音系统（即音频功放、扬声器），司机控制盒带有列尾装置运用数据记录装置（俗称“黑匣子”），一般可滚动记录 4000 多条数据（即事件）。

3）列尾装置的工作原理

机车乘务员操作司机控制盒功能键，首尾以无线数据传输方式传递信令（编码信息），其信令通过机车列调电台（或列尾专用机车电台）发送，列尾主机接收到司机控制盒发送的信令后，其响应信息再以同样的方式返回司机控制盒，司机通过司机控制盒合成的语音信息来了解列车尾部风压及列尾主机的工作状态等情况，并根据反馈的信息做出判断和处理。

四、客车列尾装置

2014 年 10 月 15 日 0 时起，全路普速旅客列车正式开通使用旅客列车尾部安全防护装置（简称客车列尾装置，缩写为 KLW）。客车列尾系统由 KLW（见图 1.44）和列车防护报警设备（简称 LBJ，见图 1.45）两部分组成。其中 KLW 设备主机安装在列车尾部客车内，LBJ 设备安装在机车驾驶室内，由机车乘务员负责操控。

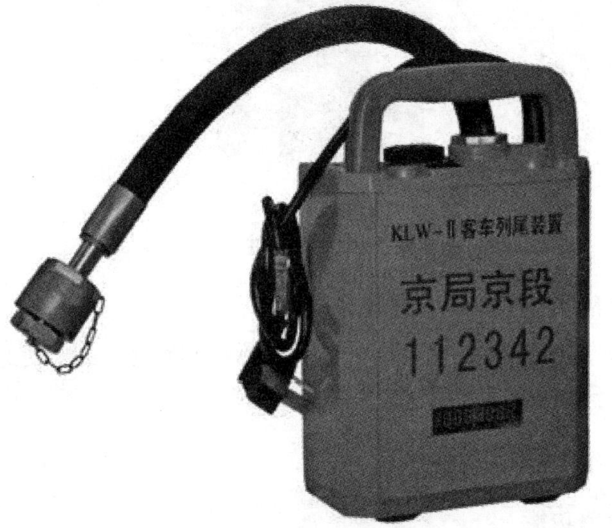

图 1.44　客车列尾装置（KLW）

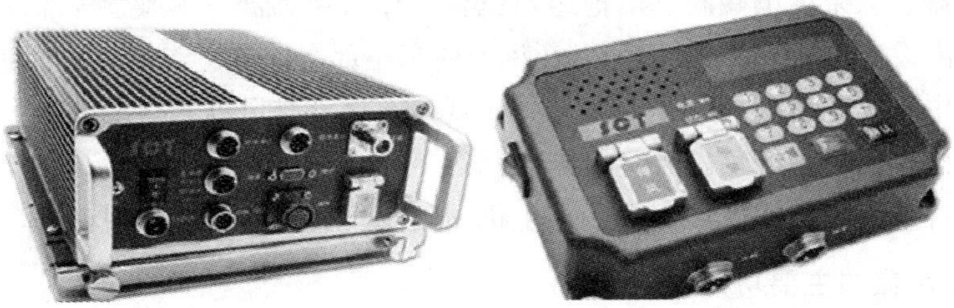

图 1.45　列车防护报警设备（LBJ）

客车列尾系统主要功能：

（1）具有列车尾部风压检测和数据上传功能。

（2）具有辅助排风制动功能。

（3）具有风压自动提示和供电电压欠压自动提示功能。

（4）具有状态信息和风压数据存储功能。

（5）具有列车防护报警功能。

任务四　列尾操作

【教学目标】

熟练掌握列尾装置各项操作。

【教学地点及设备】

1. 教学地点

列车监控运行装置应用实训室

2. 设　备

LKJ2000 列车监控装置教学台

【教学内容】

一、450 MHz 列尾操作

1. 频率选择

确认 MMI 上列尾状态显示区的频率与当前列尾装置主机的工作频率是否一致，若不一致，进入运行区段界面选择正确的频率。

2. 输　号

当听到 MMI 发出提示音“××××列尾装置等待确认”，司机判断该列尾装置主机 ID 与本机一致时按下“列尾确认”键，听到“××××机车，确认完毕”表示输号成功。

3. 手动查询列尾风压

按下“风压查询”键，可以主动查询当前列尾风压数据。查询后 MMI 提示“×××× 机车，风压×××”。

4. 风压自动报警

当 CIR 收到列尾装置主机发送的风压报警信号时，MMI 显示区的风压值变成红色字样并提示“××××机车注意，风压×××”。当风压值恢复正常或司机按下“列尾确认”键后，屏幕字样变回黑色，如图 1.46 所示。

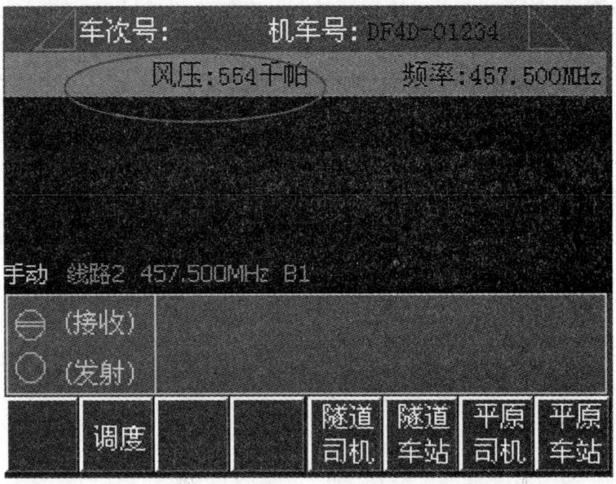

（a）风压显示界面

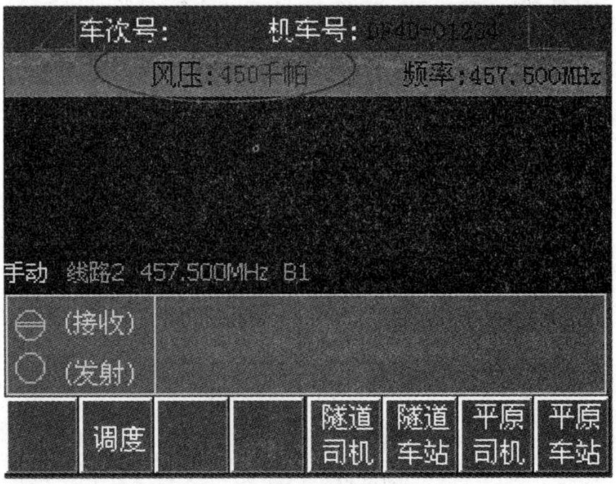

（b）风压报警界面

图 1.46 风压界面

5. 电池欠压报警

当 CIR 收到列尾装置主机发送的电池欠压报警信号时，MMI 发出提示音“××××机车，电量不足”。司机按下“列尾确认”键后停止提示。

6. 辅助排风制动

CIR 进行辅助排风制动动作可通过以下两种方法：

（1）持续按下“列尾排风”键 3 s 以上。

（2）按下“列尾排风”键后 3 s 内再按下“列尾确认”键。

按以上操作后 CIR 即向列尾装置主机发送排风命令并提示“××××机车，排风”。列尾主机排风结束后，CIR 会收到一条风压数据，MMI 提示“××××机车，注意风压×××”。

7. 消 号

按下“列尾消号”键，消号成功时播放语音“××××机车，消号成功”。

二、客列尾操作

1. 建立连接关系

CIR 处于列尾未连接状态时，司机进入设置界面输入需要连接的列尾装置 ID 并按“确认”键发起连接。连接成功后 MMI 主界面显示客列尾 ID[见图 1.47（a）]，并提示“××××××列尾装置，连接成功”；如果连接不成功[见图 1.47（b）]，MMI 会发出提示音“列尾装置连接失败”。

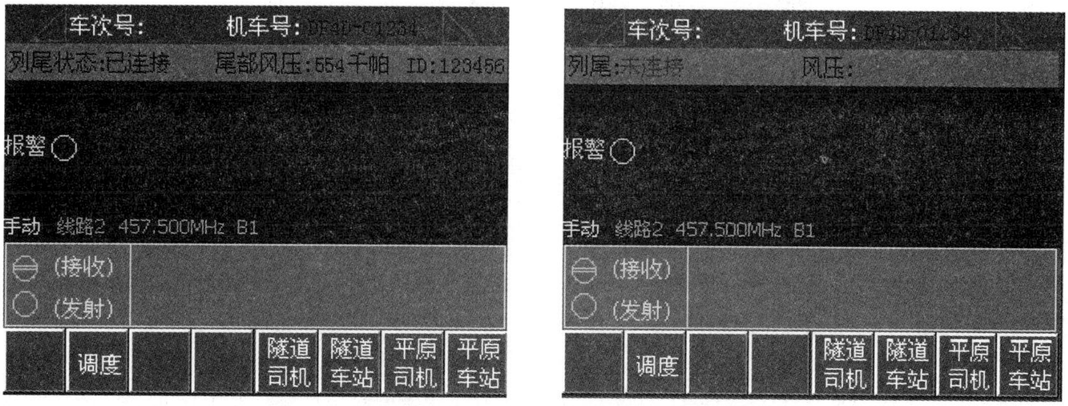

（a）连接成功　　（b）连接不成功

图 1.47 列尾主界面

2. 手动查询列尾风压

司机在主界面下按“风压查询”键，查询到的当前列尾风压数值显示在 MMI 上并提示“××××机车，风压×××”。

3. 列尾风压动态显示

CIR 每隔一段时间（随机 120～130 s）自动轮询列尾风压 1 次，并在 MMI 上动态更新风压数据。当 CIR 与列尾连接失效时，CIR 会进入列尾连接故障告警状态，每隔 5 s 发出一次提示音“列尾装置通信失效”。按下“列尾确认”键可以停止提示；如果 CIR 重新接收到风压信息，即恢复与列尾装置主机的连接。

4. 辅助排风制动

持续按下“列尾排风”键 3 s 以上,或按下“列尾排风”键后 3 s 内再按下“列尾确认”键，CIR 向客列尾发送列尾排风制动命令并提示“××××机车，排风”。

5. 风压自动提示

列车主风管风压不正常时， MMI 显示区的风压值变成红色字样“××××机车注意，风压×××”。司机可以按下“列尾确认”键停止 MMI 的声光提示。

6. 供电电压欠压自动提示

当 MMI 发出提示音“××××机车，列尾装置电压不足”时，司机可以按“列尾 7 解除列尾连接关系。

解除列尾连接关系的方式有两种：

（1）进入列尾 ID 输入界面，输入 6 个 0 并按下“确认”键。

（2）按下“列尾消号”键并持续 3 s 以上。列尾连接关系解除后，MMI 提示“××××××列尾装置，消号成功”。

复习思考题

1. CIR 的主要功能有哪些？
2. CIR 由哪几部分组成？
3. 列尾装置的主要功能有哪些？
4. 如何进行列尾装置的操作？

第二章　LKJ2000 型监控装置

项目一　LKJ2000 型监控装置认知

【项目描述】

列车运行监控记录装置（简称监控装置）源于 20 世纪 80 年代末，随着铁路运输发展对安全生产及更为客观地判定行车事故责任的要求，郑州局江岸机务段构思能否用微机技术实现对列车运行情况的记录，该建议得到了铁道部有关部门及一些高等院校的重视，于 1986 年研发出样机——机车运行记录器（简称运记），开始在江岸机务段和郑州机务段的机车上安装试运行。

伴随着计算机技术的不断进步、轨道电路的发码化及在实践中的不断完善，在 1989 年，JK-Ⅰ型列车运行监控记录装置成型，以后又陆续开发了 JK-Ⅱ型、JK-2H 型、LKJ-93 型及 LKJ2000 型监控装置。它们都是利用计算机技术，采用车载数据方式，将线路数据、允许速度及各类信号机、车站坐标预先存储在监控装置的数据芯片中。当列车运行时，根据机车实际坐标位置调用存储在数据芯片中的数据，同时采集列车运行前方信号机显示状态，实时计算列车制动距离，达到对列车运行安全的监控作用。

由于监控装置比较完整地记载了列车运行的主要信息，记录了乘务员途中操纵列车的基本情况，可防止运行超速和因乘务员精力不振或误操纵列车，对保证行车安全和行车事故的客观判定起到了非常有效的作用，因此得到各级领导和行车单位的高度肯定，也迎来了监控装置的更新发展。至 1998 年底，全路主要干线机车已全部安装了监控装置。

LKJ2000 型列车运行监控记录装置是在铁道部统一组织领导下，由多家科研机构、企业及铁路营运部门联合开发研制的新一代列车超速防护设备。它是根据当前我国信号设备的发展及铁路运输提速，对铁路运输安全设备提出了新的要求的形势，在 LKJ-93 型列车运行监控记录装置成功应用的基础上，借鉴国外先进技术，结合多年来监控装置的运用经验及迅速发展的微机技术研制而成的更新换代产品。

【教学目标】

1. 能力目标

（1）认识 LKJ2000 型监控装置。
（2）掌握 LKJ2000 型监控装置的冗余切换方式。

2. 知识目标

（1）认识 LKJ2000 型监控装置的结构、系统。
（2）了解 LKJ2000 型监控装置通信网络、安装条件。

3. 素质目标

（1）培养敬业爱岗、遵章守纪、乐于奉献的职业精神。
（2）牢记安全第一、以质量促安全的职业规范。

任务一　LKJ2000 型监控装置基础认知

【教学目标】

（1）掌握 LKJ2000 型监控装置应用范围。
（2）掌握 LKJ2000 型监控装置控制模式。
（3）掌握 LKJ2000 型监控装置记录与分析处理。

【教学地点及设备】

1. 教学地点

列车监控运行装置应用实训室

2. 设　备

LKJ2000 型列车监控装置教学台

【教学内容】

一、装置的应用范围

LKJ2000 型监控装置适合各型电力机车及内燃机车，适应自动及半自动闭塞方式，能适应各种信号制式，包括移频（含 18 信息移频）、交流计数、UM-71、极频等制式（装置所需机车信号信息取自通用式机车信号装置）。装置既适合运行于不同速度等级线路的各型旅客列车（包括动车组）及货物列车，也适合于调车机车。装置的软件具有通用性，不同的用户可通过面向用户的软件参数调整来满足不同功能的要求，适应不同的运行情况。

二、装置的控制模式

装置采用车载计算机预先存储地面线路数据的控制方式（即车载控制模式），在运行时根据列车所处位置按顺序调取的车载存储线路数据，按前方信号显示的状态并根据列车速度计算列车走行距离来产生控制模式曲线。当列车速度超过控制模式曲线范围时，装置对列车实施动力切除、常用制动及紧急制动控制，防止列车越过关闭的信号机。装置实施常用制动后，在列车速度低于规定的安全速度时，允许司机缓解；对于紧急制动控制，必须停车后才可缓解。特殊情况下的处理方式满足铁路《铁路技术管理规程》(以下简称《技规》)要求。为确保列车在关闭信号机前可靠停车，限制速度的计算采用实计计算方法，以满足控制精度要求。模式曲线的计算可根据列车运行速度的要求采用跨闭塞分区计算方式，即以关闭的信号机作为目标点来计算常用制动及紧急制动连续模式曲线。由于装置具有与地面进行信息传输的接口功能及传输信息的处理功能，因此，在有地面信息传输的区段，也可采用车载数据与地面传输信息结合的控制方案。这样既可减少乘务员操作，提高自动化控制程度，也可以提高控制的可靠性与安全性。信息传输方式可以采用点式应答器或轨道电路叠加等方式。传输信息包括进路信息、站内开通股道信息、限速信息及距离信息等。

三、运行数据的记录与分析处理

装置对列车运行状态的相关参数及乘务员输入参数(包括 IC 卡输入参数)进行记录，并根据列车运行情况形成相应的数据文件储存在非易失性数据存储器中，通过数据转储供地面微机分析处理。数据记录采用不定长数据格式，记录数据的事件代号与内容采用不同的数据代码，以提高记录数据的可靠性。数据记录采用条件触发记录方式，当设定的记录条件满足时，则产生一项相应参数记录。地面分析处理软件将车载记录的列车运行数据经过翻译、整理，以直观的全程记录、运行曲线、各种报表等形式再现列车运行全过程，为机务的现代化管理及事故分析提供准确依据。

四、系统冗余方式与切换原理

为提高可靠性，系统采用双机热备冗余方式。系统主机由 A、B 二组完全独立的控制单元组成，每组单元都有完整的信号输入及控制输出接口模块，单元内部各模块之间采用 VME 总线连接。系统内部串行通信网络 CAN 也采用 A、B 组冗余方式连接各 CPU 模块。在正常情况下，一组为工作机，另一组为热备机，工作机控制系统工作并发出制动控制指令，热备机经 CAN 总线和同步通信接口实时接收工作机数据，以保持与工作机同步运行及数据的一致性。工作机故障时自动退出控制状态，而热备机则充当工作机进入控制状态，故障切换过程对控制准确性的影响须控制在允许范围内。为保证记录数据的完整性及唯一性，热备机与工作机同时进行记录，且热备机的记录数据源于工作机。冗余采用模块级冗余方式，当系统中任一模块故障时，并不导致整个单元的切换，只是将工作单元中故障的模块切除，并采用热备单元中的相同模块。而故障的模块在恢复正常后，仍可被系统继续使用。当系统中相同的关键模块出现故障时，将产生报警输出，若在规定的时间内未得到切除装置操作，则产生紧急制动输出。

由于显示器出现故障并不会导致危及行车安全的情况发生，因此系统内装在司机室的显示器(屏幕或数码)采用单套运行方式，但同时配备双针速度表作为备份。当显示器故障时，依靠双针速度表维持系统基本功能运行的指示。

五、系统主微处理器说明

系统主 CPU 采用 MOTOROLA 公司生产的 32 位微处理器 MC68332，其内部数据处理能力达 32 位（外部数据总线宽度为 16 位），具有 16 M 字节的寻址空间，无须扩充地址总线即可满足寻址空间要求。最高可达 25 MHz 的工作频率加上其流水线工作方式使得其处理速度远远高于普通的微处理器，复杂的制动计算因此变得快速和准确。它的内置异步和同步通信接口、内部 RAM，以及内部片选逻辑功能大大简化了外围电路的设计。特别是它的定时处理器单元（TPU）可脱离 CPU 独立工作，以相当高的分辨率专门处理 16 路输入/输出通道，一方面大大减轻了 CPU 负担，另一方面也提高了速度、距离及转速等参数的测量精度。MC68332 微处理器完善的内部故障检测及故障处理功能在相当程度上提高了其工作的可靠性和安全性。此外，其独特的背景模式（BDM）接口也为软、硬件调试提供了简单、灵活而又低成本的调试手段。

六、系统通信网络

采用控制器局域网（CAN）作为系统内部通信网络，所有带 CPU 的模块通过双 CAN 总线进行数据交换（不带 CPU 的模块通过 VME 并行总线交换数据）。CAN 标准总线以其独特的物理层规范和数据链路层协议使通信可以在相当高的传输速率下进行（最高通信速率为 1 Mbit/s），并达到相当远的传输距离（最长传输距离可达 10 km）。特别是其多主总线数据传输方式使得系统内数据交换更为有效。CAN 总线高强的检错、容错能力，以及其短帧数据结构，使数据传输可靠性进一步提高。因此，系统内各模块之间可以进行大量、快速的数据传输，从而提高了控制与显示的实时性，以及数据记录的准确性。

七、结构设计特点

在结构设计方面，监控主机采用符合 IEC 国际标准的 6U × 160 标准机箱、插件结构。6U 标准插件采用两个符合 IEC 标准的对外信号连接器：96 芯连接器完成 VME 标准总线信号连接；48 芯连接器完成输入/出信号连接。因此，在满足 VME 信号标准的同时也提高了板内的电磁兼容性。由于采用标准的模块化结构，更容易实现功能的扩充与升级。 主机箱的选型及设计除在强度、质量、安装及电磁兼容等方面进行综合考虑外，还重点考虑了机箱的外观设计。另外，在防止非法拔插电路板，以及记录数据人工防护方面，结构设计也采取了有效的措施（在机箱正面加装带锁的玻璃门）。

八、适应的环境条件

装置满足《TB1394-93 铁道机车动车电子装置》标准要求（其中屏幕显示器工作温度范围为 0 ~ 55 °C)；电磁兼容性满足《EN50121-3-2 欧盟铁路机车车辆电气设备电磁兼容》标准要求。

九、装置的基本功能

1. 监控功能

（1）防止列车越过前方关闭的信号机。

（2）防止列车超过线路（或道岔）允许速度，以及机车、车辆允许的构造速度。

（3）防止机车以高于规定的限制速度进行调车作业。

（4）在列车停车的情况下，防止列车向前/向后溜逸。

（5）可按列车运行揭示要求控制列车在临时限速地段不超过规定的限制速度。

2. 记录功能

（1）开/关机时相关参数记录。

（2）乘务员输入参数（或 IC 卡输入）记录。

（3）列车运行参数记录。

（4）事故状态记录。

3. 显示功能（以数字或图形方式显示）

（1）显示列车运行的实际速度及限制速度（或目标速度）。

（2）显示距前方信号机距离，以及前方信号机种类。

（3）显示前方运行线路状况。

（4）显示机车优化操纵速度曲线或手柄级位曲线。

（5）其他相关运行参数显示。

任务二　LKJ2000 型监控装置系统硬件认知

【教学目标】

（1）掌握 LKJ2000 型监控装置系统硬件构成。

（2）掌握 LKJ2000 型监控装置主机箱各模块组成。

【教学地点及设备】

1. 教学地点

列车监控运行装置应用实训室

2. 设　备

LKJ2000 列车监控装置教学台

【教学内容】

一、系统硬件构成

LKJ2000 型监控装置主要由主机、显示屏显示器、压力传感器、速度传感器、常用制动装置、紧急放风阀及连接电缆等组成，如图 2.1 所示。

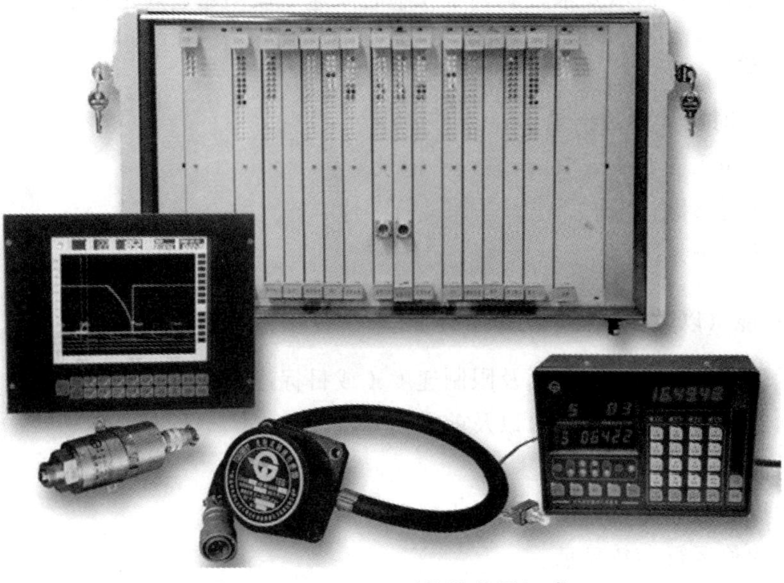

图 2.1　LKJ2000 型监控装置组成

系统构成主要包括以下模式（见图 2.2）。

（1）监控主机箱（双套模块冗余）：1 台。

（2）显示器（数码显示器或屏幕显示器）：2 个。

（3）转储器：地面配置。

（4）事故状态记录器（黑匣子）：1 个。

（5）双针速度表（带里程计或不带里程计）：2 个。

（6）光电式速度传感器：2 个。

（7）压力传感器：3 个。

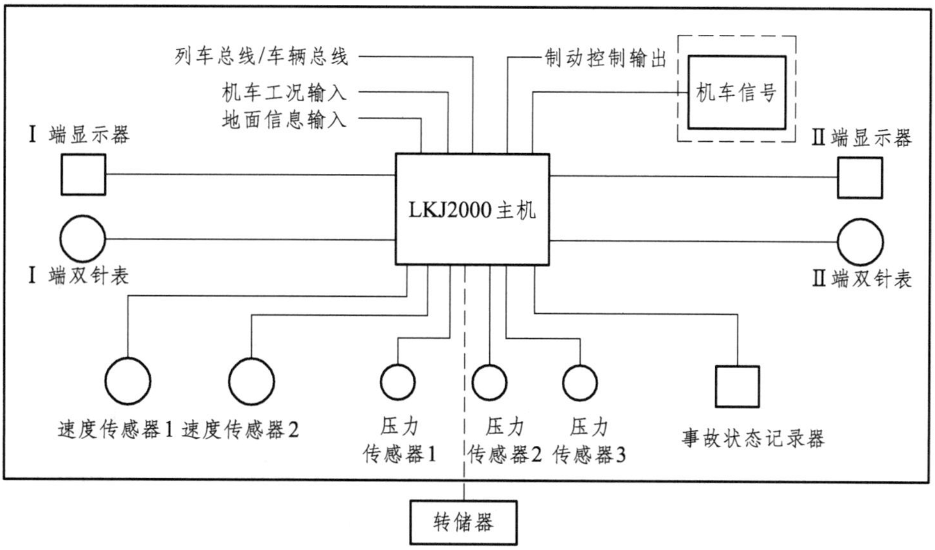

图 2.2 系统构成

LKJ2000 型列车运行监控记录装置基本组成结构包括 1 个主机箱和 2 个显示器（屏幕或数码）。其速度信息来自安装在机车轮对上的 TQG15 或 DF16 光电式速度传感器，速度信号的基本配置为 2 通道（可扩充至 3 通道），如果 2 通道速度信号相位相差 90°，则可以满足装置相位防溜功能的需要。在无相位防溜功能的情况下，2 通道速度信号可分别取自 2 个速度传感器。机车信号信息可取自 JT1-A（SJ93）、JT1-B（SJ94）通用式机车信号装置（取点灯条件），也可通过 RS485/RS422 串行通信方式获取。压力检测除了检测列车管压力外，还检测机车均衡风缸压力及制动缸压力，均衡风缸压力信号用于反馈控制以提高常用制动减压量控制精度，制动缸压力信号主要在机车单机运行时作为状态记录依据。压力传感器可采用 TQG14 型机车压力变送器。指针式速度指示可采用 ZL 型或 EGZ3/8 型双针速度表，双针速度表实际速度与限制速度指针依靠装置主机驱动，驱动信号为 0 ~ 20 mA 的电流信号。在装置关机的情况下，由数/模转换盒驱动。I 端双针速度表的里程计指示可由监控装置驱动，在安装了数/模转换盒的情况下，也可由数/模转换盒驱动。双针速度表照明电源为机车照明电源。

二、监控主机箱

主机箱采用 6U（高度）× 160（深度）标准机箱结构，其宽度尺寸为 84R（R = 5.08 mm）。主机箱为系统控制中心，其内部由 A、B 2 组完全相同的控制单元组成（左边为 A 组，右边为 B 组），每组有 8 个插件位置（包括 1 个预留位置），各插件位置以机箱中心线为基准对称排列，从中心线开始往左、右，各插件排列顺序依次为：监控记录、地面信息、通信、模拟量输入/输出、预留、数字量输入、数字量输入/输出、电源。各插件之间采用 VME 标准总线母板连接。机箱采用背板对外出线方式，所有输入、输出信号均通过机箱背板连接器引出，在背板内侧装有过压抑制板。主机箱各插件位置排列如图 2.3 所示。

电源	数字输入/输出	数字输入	预留	模拟信号输入/输出	通信	地面信息	监控记录	监控记录	地面信息	通信	模拟信号	预留	数字输入	数字入出	电源
A	A	A	A	A	A	A	A	B	B	B	B	B	B	B	B

图 2.3　主机箱各插件位置排列

主机内各插件主要功能如下。

1．监控记录插件

监控记录插件作为 LKJ2000 型监控装置的主机模块，是系统的核心部件。模块以 32 位微处理器 MC68332 为 CPU，主要完成地面线路数据的存储与调用、运行状态数据的记录与同步、控制模式曲线的计算、实时时钟的产生，并通过双路 CAN 串行总线或 VME 并行总线实现对系统其他模块的控制与管理。其他模块中带 CPU 的模块通过 CAN 网络与主机模块交换数据，而不带 CPU 的模块通过 VME 并行总线与主机模块连接。工作主机与热备主机之间的数据交换是通过同步通信实现的。记录用数据存储器与实时时钟器件采用非易失性存储器件,因而在无须外部电池的情况下可实现数据的长期可靠保存。记录数据的转储可通过 RS232 通信接口完成。

2．地面信息处理插件

从轨道信号感应器上取得地面轨道电路信号，完成轨道电路传输信息的输入，经过电气隔离后进行调整放大，然后经数字信号处理器（DSP）对各种制式的信号进行数字滤波及分析处理。插件产生的过绝缘节信号供监控主机校正距离测量误差，绝缘节信息通过电平方式输出至监控主机，也可通过 CAN 通信网络传输。地面点式信息或轨道电路叠加信息的处理是根据需要，以相对独立的专用处理模块来完成的。从结构上看，此模块叠加在地面信息处理插件上。插件与监控主机通过内部 CAN 网络交换数据。

3. 通信插件

通信插件提供装置的各种对外串行通信接口，包括 2 路 RS485 接口及 1 路 RS422/RS485 接口。1 路 RS485 接口用于与 TAX2 综合信息监测装置通信；1 路 RS485 接口用于与列车总线/车辆总线连接，实现监控装置与列车/机车控制系统的信息交换；1 路 RS422/RS485 接口用于与机车信号装置或点式信息设备通信，从而提高传输信息量及传输信息的可靠性。插件与监控主机通过内部 CAN 网络交换数据。

4. 模拟量输入/输出插件

主要完成模拟输入信号和频率输入信号的调整、隔离、模/数转换及模拟输出信号的数/模转换、隔离及调整输出。模拟输入信号包括压力信号、电流信号、电压信号及加速度信号；频率输入信号包括速度信号及柴油机转速信号；模拟输出信号主要是驱动双针速度表实际速度和限制速度的电流信号，以及驱动双针速度表里程计的电压脉冲信号。所有输入/输出信号全部经过隔离放大器隔离或光电隔离。模拟量输入/输出插件经 VME 并行总线与监控主机连接。

5. 数字量输入插件

完成对机车信号点灯条件输入（50 V）的光电隔离与转换，经 VME 并行总线与监控主机连接，供监控主机读取

6. 数字量输入/输出插件

一方面完成机车工况输入信号（110 V）的隔离与转换，另一方面完成常用制动与紧急制动控制指令的执行输出（继电器触点输出）。输出信号可直接驱动内燃机车常用制动装置控制阀或与电力机车制动控制回路连接，但控制信号不能直接驱动电力机车主断路器。插件经 VME 并行总线与监控主机连接。

7. 电源插件

采用模块电源方式将 110 V 输入电源转换成系统所需的各种电源。所有输出电源与输入电源隔离。输出电压包括供主机箱各插件工作的 5 V、+12 V、－12 V 及 24 V，供数码显示器的 15 V（屏幕显示器采用 110 V 电源），供速度传感器的 15 V 以及供压力传感器的 15 V。除 5 V、+12 V 及－12 V 共地外，其他各路输出电压互相隔离。

8. 母　板

完成各插件的 VME 总线连接及输入/输出信号的连接。母板分左、右两部分，左半部分为 A 机母板；右半部分为 B 机母板。A、B 机母板的上半部分为 VME 总线，采用标准 96 芯连接器；下半部分为信号的输入/输出，采用标准 48 芯连接器。

9. **过压抑制板（安装在后盖板上）**

外部 110 V 电源及 110 V 电路输入信号经过过压抑制板，输入至数字量输入/输出插件；数字量输入/输出插件的继电器输出信号经过过压抑制板输出至机车 110 V 回路。所有与机车 110 V 回路相连的信号均经过过压抑制板的滤波及瞬态过压抑制处理，消除了机车 110 V 回路干扰对装置的影响。因此，在安装 LKJ2000 型监控装置时，无须在机车上再另外安装过压吸收片。

主机由 A、B 两个相对独立的单元组成，每个单元都自成系统。两个单元互为热备，一个单元工作时，另一个单元处于热备状态。一旦工作单元的任何一块插件发生故障，另一个单元中的相应插件将立即投入工作，故障的插件将自动退出工作。工作单元的主机插件有指示灯指示，表示处于工作状态。

主机的输入/输出接口具有一定的扩展空间，允许 4 个压力传感器信号（如列车管压力、机车制动缸压力及均衡风缸压力等）输入，3 路速度信号输入，2 路模拟量（原边电流及原边电压）输入，1 路柴油机转速信号输入、16 个机车信号（50 V）开关量及 8 个 110 V 机车工况开关量输入，7 路制动控制指令的输出（110 V 回路）。

三、显示器

作为人-机界面，LKJ2000 型监控装置有两种形式的显示器供用户选择：一种是数码显示器，其操作界面与 LKJ-93 型显示器兼容，因而可维持原 LKJ-93 型显示器操作方式基本不变，同时将大容量 IC 卡的读卡器直接设计在显示器内，不需要另外配置 IC 读卡器；另一种显示器是 10″TFT 高亮度彩色液晶显示屏，以屏幕滚动方式显示实际运行速度轨迹曲线及模式限制速度（或线路允许速度）曲线，以图形、符号和文字形式显示地面信号机的位置、种类，以及运行线路的曲线、坡道、桥梁、隧道和道口等信息，同时可显示指导性机车优化操纵运行速度曲线和手柄级位曲线，以便提示或引导乘务员操作。数码显示器与屏幕显示器均具备语音提示功能。

列车事故状态记录器（黑匣子）将记录 30 min 以内的最新列车运行状态数据（事故发生后将自动停止记录），其记录密度大大高于监控主机数据记录密度，列车走行距离每 5 m 产生一次相关参数记录。因此在发生严重事故后可提供详细、准确的列车运行状态数据。事故状态记录器具备抗冲击性能。

转储器将车载记录数据转录至地面微机系统供分析处理。其内部数据存储器采用大容量非易失性数据存储器（可不带电池长期保存数据）。转储器与车载主机和地面微机的数据传输均采用 RS232 标准通信方式，通信具备数据校验功能。转储器既可转储 LKJ2000 型监控装置数据，也可转储 LKJ-93 型监控装置数据，并能自动识别不同设备类型及记录数据格式。

四、主要技术参数

（1）主微处理器：32 位微处理器 MC68332。
（2）监控程序存储器容量：1 M 字节。
（3）地面数据存储器容量：1 M 字节（可扩充至 2 M 字节）。
（4）记录数据存储器容量：2 M 字节。
（5）IC 卡容量：512 K 字节。
（6）转储器存储容量：8 M 字节。
（7）事故状态记录器记录容量：事故前 30 min（记录密度为：一次记录/列车走行 5 m）
（8）机车信号输入通道：16 路。
（9）机车工况信号输入通道：8 路。
（10）制动控制输出通道：7 路。
（11）模拟信号输入通道：7 路。
（12）频率信号输入通道：4 路。
（13）彩色显示屏：10″TFT 高亮度彩色液晶屏。
（14）系统 CAN 通信速率：300 Kb/s。
（15）主/备机同步通信速率：1 Mb/s。
（16）对外通信接口：RS485 接口 2 路；
RS485/RS422 接口 1 路；
RS232 接口　1 路。
（17）主机电源功耗：<200 W。
（18）主机箱质量：25 kg。

五、安装说明

（1）各部件外形及安装尺寸（见图 2.4）。
监控主机箱外形尺寸：　534 mm（宽）× 350（深）× 358 mm（高）。
安装尺寸：　474.5 mm × 174 mm（4 个 ϕ10 安装孔）。
彩屏显示器外形尺寸：　340 mm（宽）× 120 mm（深）× 250 mm（高）。
安装尺寸：　325 mm × 180 mm（4 个 M5 安装孔）。
数码显示器外形尺寸：　252 mm（宽）× 100 mm（深）× 175 mm（高）。
立式安装尺寸：　150 mm（2 个 ϕ8 安装孔）。
事故状态记录器外形尺寸：170 mm（长度）× 165 mm（宽）× 45 mm（高）。
安装尺寸：　120 mm × 145 mm（4 个 ϕ6 安装孔）。

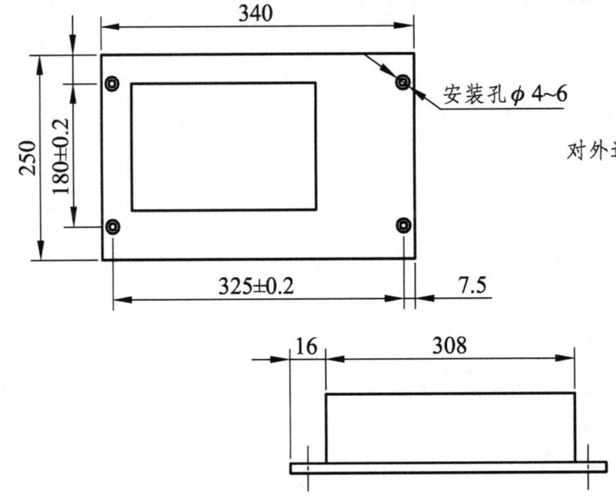

（a）屏幕显示器外形及安装尺寸

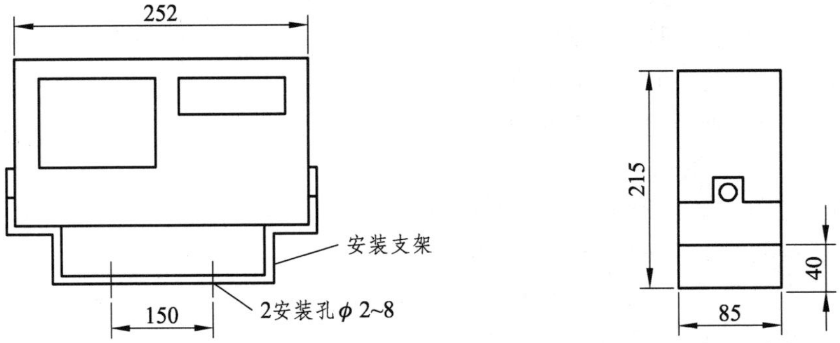

（b）数码显示器外形及安装尺寸

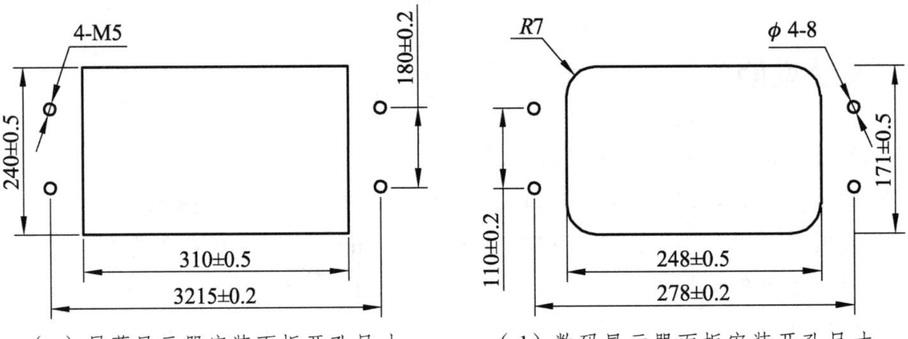

（c）屏幕显示器安装面板开孔尺寸　　（d）数码显示器面板安装开孔尺寸

图 2.4　各部件外形及安装尺寸

（2）主机箱采用底部安装方式。4 个 M8 螺栓从机箱底部伸出与机车上安装底板连接。

（3）在进行主机箱的安装设计时，应预留一定的安装空间。宽度尺寸应考虑机箱侧面门锁的操作空间，左右侧面各预留 100 mm 以上空间。深度尺寸应考虑后盖板对外连接器及引线空间，深度尺寸应不小于 500 mm。高度尺寸应考虑主机箱的散热空间，高度尺寸应不小于 500 mm。

（4）若主机箱安装在柜体内，则应考虑机箱前部玻璃门的开合空间（约 300 mm）。

（5）主机箱应尽量避免安装在有强烈振动的位置（如压缩机附近）。

（6）数码显示器可采用台面安装或面板嵌入式安装方式。采用台面安装方式时，应考虑不影响司机正常瞭望，并尽量避免阳光直接照射。采用台面或面板嵌入式安装方式，均应考虑将显示器安装在司机手能触及的位置（司机座在座位上），以方便司机操作。

（7）屏幕显示器原则上采用面板嵌入式安装方式，应安装在司机前方可方便观察与操作的位置。

（8）副台按钮应安装在副司机方便操作的位置。

（9）如果安装事故状态记录器，则应安装在机车出现正面冲突时变形小，并尽可能避免外部冲击的位置。

（10）压力传感器应尽量安装在空气制动柜内（避免安装在司机室地板下面），以便于检修维护。

（11）速度传感器应尽量避免安装在机车前行轴上，以减少机车轮对空转对测速精度的影响。

（12）双针速度表应尽量采用独立安装方式，避免与显示器的机械连接，以便于检修。

（13）速度传感器、压力传感器及双针速度表外形及安装尺寸分别见《速度传感器使用说明书》《压力传感器使用说明书》及《双针速度表使用说明书》。

（14）与 LKJ93 型监控装置不同，安装 LKJ2000 型监控装置时，机车上无须另外安装过压吸收片。

六、主机箱插件面板指示灯说明

开主机电源，A（B）机插件面板指示灯指示如下。

（1）电源插件指示灯 1A ~ 4A，1B ~ 4B 全亮，表示电源插件各路输出电源正常，各指示灯含义如下：

1A：+5 V；　　1B：+12 V；

2A：－12 V；　　2B：+12 V；

3A：+24 V；　　3B：+15 V（供速度传感器）；

4A：+24 V；　　4B：+15 V（供压力传感器）。

（2）监控记录插件上电后（断电后再上电须间隔 30 s 以上），面板指示灯全亮然后全灭。然后 1A ~ 4A，1B ~ 4B 灯亮，表示上电自检正常。各指示灯含义如下：

1A：程序芯片（U3，U4）自检正确；

1B：地面数据芯片（U5，U6）自检正确；

2A：CPU 内部 RAM 自检正确；

2B：实时时针（U15）RAM 自检正确；

3A：外部 RAM（U13）自检正确；

3B：外部 RAM（U14）自检正确；

4A：外部 RAM（U11）自检正确；

4B：外部 RAM（U12）自检正确。

监控记录插件自检完毕后指示灯状态及含义：

1A（闪）：工作正常；　　　1B（亮/灭）：主机/备机；
2A（亮）：实时时钟正常；　　2B（亮/灭）：CANA/B；
3A（灭）：同步通信停止；　　3B（亮）：CAN 通信正常；
4A（亮）：数字输入自检正常；4B（亮）：模拟插件自检正常；
5A（亮）：数字输入/输出插件输入部分自检正常；
5B（亮）：数字输入/输出插件输出部分自检正常；
6A（亮）：程序及数据一致；　6B（亮）：记录同步
7A（亮）：复位标志；　　　　7B：　　空；
8A：　　空；　　　　　　　　8B（亮）：记录/转储。

（3）地面信息插件指示灯含义：

1A （闪）：工作正常；1B （亮）：绝缘节信号。

3B、3A、2B、2A 灯（亮—0，灭—1）组成四位十六进制数表示信号制式：

3B　3A　2B　2A	信号制式
0　0　0　0	UM71 下行
0　0　0　1	UM71 上行
0　0　1　0	双频点式
0　0　1　1	交流计数 25 Hz
0　1　0　0	交流计数 50 Hz
0　1　0　1	交流计数 75 Hz
0　1　1　0	极频
0　1　1　1	移频上行
1　0　0　0	移频下行
1　0　0　1	18 信息移频

（4）通信插件指示灯含义如下：

1A：5 V 电源；　　　　　　　　1B：RS485 通道 0 电源；
2A：RS485 通道 1 电源；　　　　2B：RS422 通道电源；
3A：CAN 通道 A 电源；　　　　3B：CAN 通道 B 电源；
4A（亮）：RS485 通道 0 接收数据；　4B（亮）:RS485 通道 1 接收数据；
5A：CAN 通道 A 中断；　　　　5B：CAN 通道 B 中断；
6A（闪）：A 机工作正常；　　　6B（闪）：B 机工作正常。

（5）数字输入插件面板指示灯含义如下：

1A：绿（L）；　　　　　　1B：绿黄（L/U）；
2A：黄（U）；　　　　　　2B：黄 2（U 2）；
3A：双黄（U/U）；　　　　3B：红黄（H/U）；
4A：红（H）；　　　　　　4B：白（B）；
5A：速度等级 1（SD 1）；　5B：速度等级 2（SD 2）；
6A：速度等级 3（SD 3）；　6B：制式；
7A：信号备用 2；　　　　　8B：信号备用 3。

（6）数字输入/出插件面板指示灯对应指示如下：

1A：零位（LW）；　　1B：向前（XQ）；
2A：向后（XH）；　　2B：牵引（QY）；
3A：制动（ZD）；　　3B：备用 1；
4A：备用 2；　　4B：备用 3；
5A：卸载；　　5B：减压；
6A：关风；　　6B：备用；
7A：备用；　　7B：备用；
8A 灭 8B 亮：非紧急制动状态；
8A 亮 8B 灭：紧急制动状态；
9A：系统故障。

七、制动控制输出说明

列车运行监控记录装置对机车制动控制主要分 5 种情况：

（1）报警。当列车速度超过报警速度时，显示器发出语音报警。

（2）卸载。当列车速度超过允许值时，装置切除机车牵引电流（即将牵引力减为零，但电制动工况时不切除）。

（3）常用制动。当卸载不能使列车减速，则由监控装置发出指令使列车实施常用制动使列车减速。常用制动后，当列车速度低于规定的安全速度时，允许司机缓解。

（4）紧急制动。在使用常用制动不能使列车减速并且速度超过紧急限速值时，监控装置发出指令实施紧急制动，使列车立即停车。紧急制动不允许司机缓解，当列车速度为 0 时自动缓解。

（5）系统故障。当系统中 A、B 机同时故障时，显示器发出故障报警。要求司机在 3 min 内关断主机电源，否则实施紧急制动。

八、操作注意事项

（1）主机电源开/关不能过快，开、关间隔时间应在 30 秒以上，以保证电源正常工作。

（2）不允许带电拔插插件，否则可能损坏插件内元器件。

（3）插件电路板取出机箱后，不应用手触摸板上电路及元器件，以防止静电损坏电路板上器件。

（4）所有插件插入机箱后，均应将面板紧固螺钉拧紧以防插件脱落。拔出插件前，必须先将紧固螺钉拧松。

（5）所有插件在机箱内均有固定位置，插件插入时应对准其所在位置。当插件插入时，不能用力太大，以避免插头引脚损坏。

（6）初次安装或更换主机箱时，应注意使后盖板输入/输出连接器可靠连接。

复习思考题

1. LKJ2000 型监控装置应用范围有哪些？
2. LKJ2000 型监控装置控制模式有哪些？
3. LKJ2000 型监控装置硬件由什么组成？
4. LKJ2000 型监控装置主机有哪些插件模块？
5. LKJ2000 型监控装置主机插件模块的主要功能是什么？

项目二　LKJ2000 型监控装置人机界面认知

【项目描述】

LKJ2000 型监控装置基本认知主要包括主机的组成、显示器的组成、界面内容识别，以及按键的功能。通过实训演练，使学生能对 LKJ2000 型监控装置有整体的感性认识。

【教学目标】

1. 能力目标

（1）掌握监控装置人机界面显示器各功能区的内容及指示灯的含义。
（2）掌握监控装置的各项基本操作。

2. 知识目标

（1）掌握监控装置的组成，了解监控装置的作用。
（2）掌握监控装置操作过程中的相关原理。

3. 素质目标

（1）培养敬业爱岗、遵章守纪、乐于奉献的职业精神。
（2）牢记安全第一、以质量促安全的职业规范。

任务一　LKJ 型监控装置屏幕显示器

【教学目标】

（1）掌握监控装置人机界面显示器各功能区的内容。
（2）掌握显示器系统状态指示灯的含义。
（3）掌握键盘上各按键的功能。

【教学地点及设备】

1. 教学地点

列车监控运行装置应用实训室

2. 设 备

LKJ2000 列车监控装置教学台

【教学内容】

一、屏幕显示器

1. 显示器组成

LKJ2000 显示器在机车操纵台上的位置如图 2.5 所示，显示器由 10″的 TFT 高亮度彩色显示屏、21 个薄膜键的小键盘和 IC 卡读卡器组成。显示器如图 2.6 所示。

图 2.5 监控显示器在机车上的位置

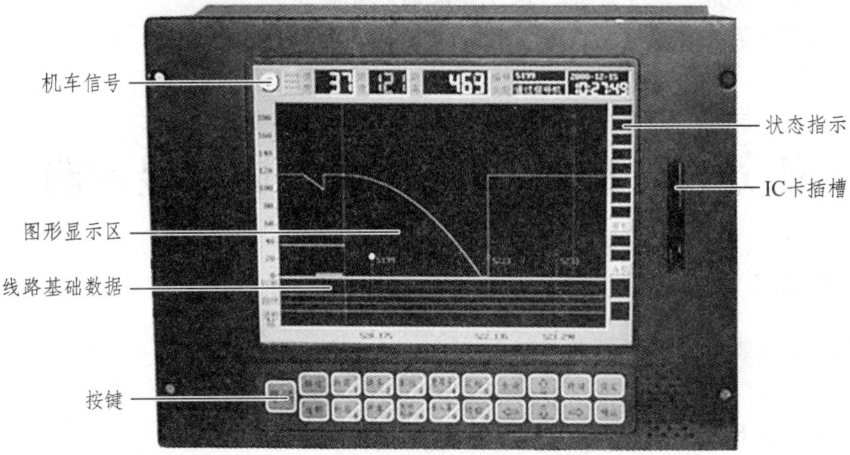

图 2.6 LKJ2000 型显示器

2. 显示屏显示界面

屏幕显示器的显示主界面示意图如图 2.7 所示。

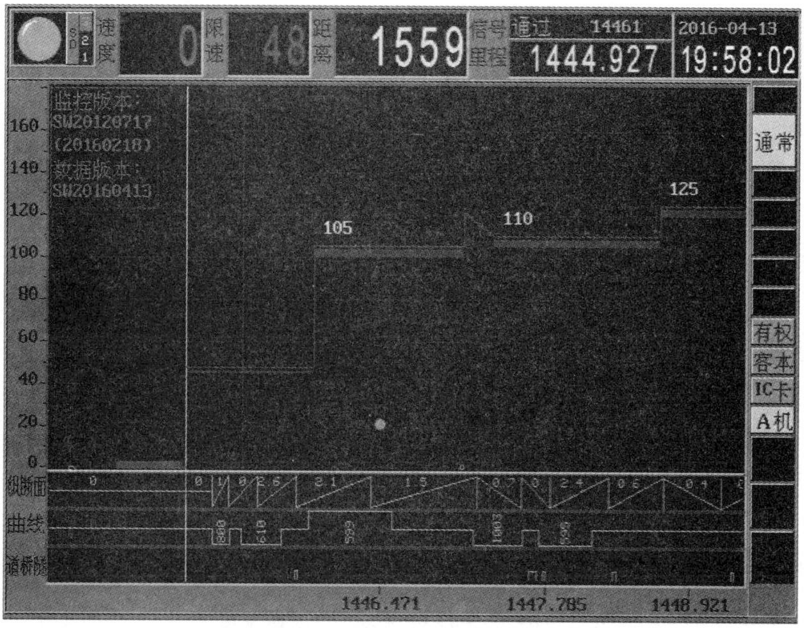

图 2.7　LKJ 主界面示意图

二、显示内容说明

屏幕显示器主界面按照显示内容大致分为 6 个基本信息区，示意图如图 2.8 所示，各区具体内容如下。

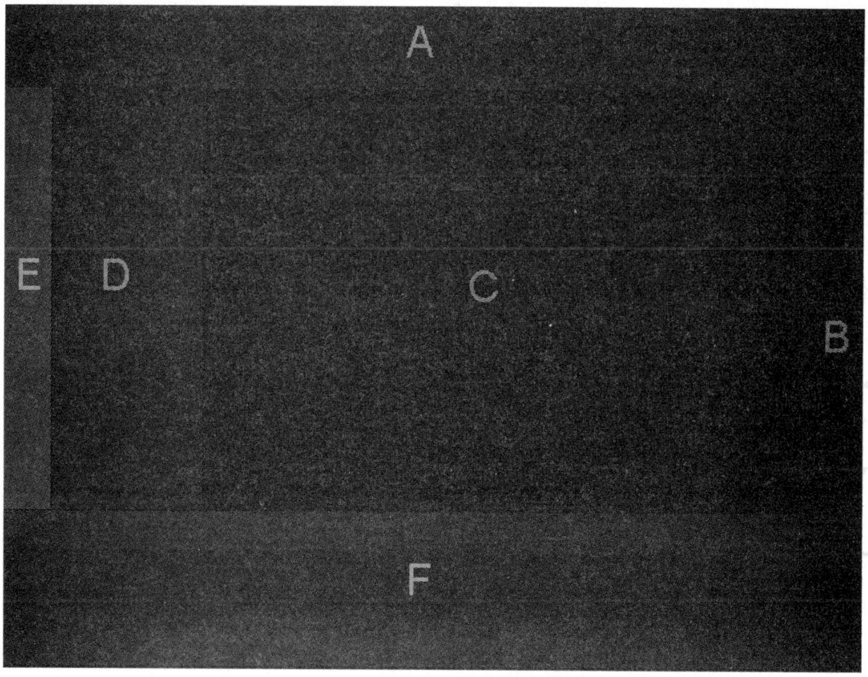

图 2.8　屏幕显示器主界面区域划分示意图

1. 基本信息显示区

屏幕显示器主界面最上方的数据窗口为基本信息区，如图 2.8 所示的 A 部分，该区域从左向右依次为

- 信号灯状态显示窗口：显示机车当前的信号状态，有绿灯、绿黄灯、黄灯、红灯、红黄灯、双黄灯、黄 2 灯、白灯等。
- 速度等级显示窗口：从上至下有 SD3、SD2、SD1 三种速度等级，亮的部分表示当前所处的速度等级状态。SD1、SD2、SD3 分别表示速度等级 1、速度等级 2、速度等级 3。
- 运行速度窗口：显示机车当前的实际运行速度（绿色圆润字体的数字）。
- 限制速度窗口：显示机车当前的最大允许运行速度（红色圆润字体的数字）。
- 距前方信号机距离窗口：显示列车头部距前方信号机的距离（黄色圆润字体的数字）。
- 信号机编号和信号机类型窗口：显示前方信号机的编号和信号机的类型。运行中收到过绝缘节信号且监控产生校正时显示背景为绿色，收到过绝缘节信号没有满足校正条件监控不产生校正时显示背景为红色。
- 里程显示窗口：显示列车当前的里程信息。
- 日期和时间窗口：显示当前的系统日期及时间。

2. 工作状态显示区

屏幕显示器主界面右边的状态窗口为工作状态信息区，如图 2.8 的 B 部分，该区域自上到下依次为：

- 故障：当 CAN 总线故障时，指示灯点亮。显示“CANA”时表示 CAN 总线 A 路有故障，显示“CANB”时表示 CAN 总线 B 路有故障。显示“故障”时表示 CANA 和 CANB 均故障。当显示“故障”时屏幕显示器不能与监控主机进行正常通信。
- 工作模式：LKJ 当前所处的工作模式，分降级、段内走行、调车、通常、重载、无仿冒、随时停车、其他列控、非本务 9 种工作模式。
- 紧急：LKJ 已输出紧急制动指令时，点亮此指示灯。
- 常用：LKJ 已输出常用制动指令时，点亮此指示灯。
- 卸载：LKJ 已输出解除牵引力指令时，点亮此指示灯。
- 解锁：司机成功完成解锁操作时，此灯点亮，维持 4 s 后消失。
- 开车：参数有效设定完毕且 LKJ 允许司机开车对标操作时，点亮此指示灯。
- 控制权：本端为有权端，具备完全操作权时显示为“有权”；本端为无权端，仅能完成有限的操作时显示为“无权”。
- 列车类型/巡检：一般情况下显示列车类型（客本、货本、客补、货补、动本）。当按压“巡检”键有效后显示“巡检”，4 s 后指示灯恢复显示列车类型信息。
- IC 卡：有 IC 卡插入时，点亮此指示灯。
- A/B 机：指示当前 LKJ 主机的工作状态。LKJ 双机运行且主工作机为 A 机时，以浅绿底蓝字的方式显示“A 机”；LKJ 双机运行且主工作机为 B 机时，以浅绿底蓝字的方式显示

"B 机"；LKJ A 机单机运行时，以黄底蓝字的方式显示"A 机"；LKJB 机单机运行时，以黄底蓝字的方式显示"B 机"。

- 支线：列车运行中，当允许支线输入操作时，点亮此指示灯，支线输入有效后，显示所输入的支线号。
- 侧线：列车运行中，当允许侧线输入操作时，点亮此指示灯，侧线输入有效后，显示所输入的侧线号。
- 诊断：当机车故障诊断显示器故障时，在监控屏的状态指示栏位置诊断灯被点亮。

3. 预示信息显示区

屏幕显示器主界面的中间窗口为预示信息显示区，如图 2.8 所示的 C 部分，该区域以曲线方式显示机车当前速度及限速，并以曲线方式预显示前方一定距离范围内的限速信息，与此同时，按一定比例显示实际线路上的信号机及编号、道岔、站中心、站名、电分相等数据信息。主要内容为

- 实际速度曲线：机车在经过区段各点的速度值连成的曲线。
- 限制速度曲线：区段各点的限速值连成的曲线。
- 限速曲线提示值：限速曲线上的恒限速变化点处标示出变化点后的限速值。
- 光带：在通常模式下的限速曲线恒速区，填充光带警示实际速度值与固定模式限速值的接近程度。
- 站中心及站名：以坐标（垂直线）的方式显示前方一定距离内所有站的站中心位置，并用汉字标注对应车站的名称。
- 列车位置：显示界面中黄色垂直分隔线表示当前列车头部位置，下部显示一个列车图标，图标的长度与输入的列车计长成正比。
- 道岔：以坐标（垂直线加进、出标记）形式显示进、出站的道岔位置。

4. 历史信息区

如图 2.8 所示的 D 部分为历史信息区，该区域显示列车头部已越过部分的实际速度曲线、限制速度曲线、线路信号机、车站设施、列车示意图等内容。

5. 速度标尺区

屏幕显示器主界面左侧部分为速度标尺区，如图 2.8 所示的 E 部分，该区域显示速度标尺。

6. 工务信息区

屏幕显示器主界面的最下方为工务信息区，如图 2.8 所示的 F 部分，主要内容为

- 线路纵断面、线路曲线、道桥隧：显示运行前方线路纵断面、线路曲线、桥梁、隧道、道口的情况，辅助司机操纵。
- 信号机千米标（公里标）：显示前方信号机的千米标信息，辅助司机操纵。
- 支线提示：LKJ 前方分区或本分区存在支线时，显示本分区、下分区的支线信息。

任务二 LKJ 型监控装置功能按键

【教学目标】

掌握监控装置人机键盘上各按键的功能。

【教学地点及设备】

1. 教学地点

列车监控运行装置应用实训室

2. 设 备

LKJ2000 列车监控装置教学台

【教学内容】

功能键

屏幕显示器按键布局示意图如图 2.9 所示。

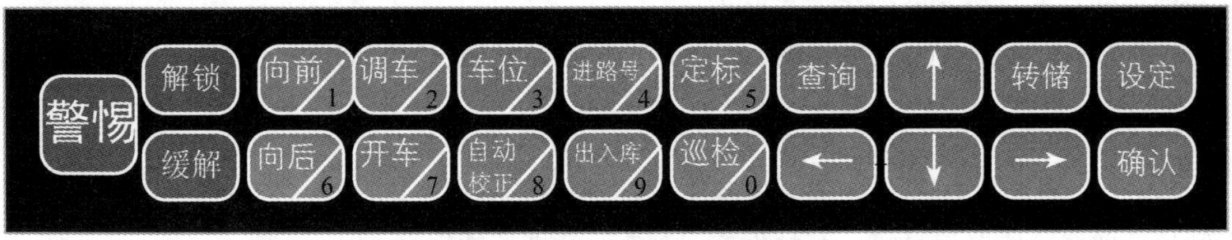

图 2.9 屏幕显示器按键布局示意图

操作按键为带背光薄膜按键，在环境光线变暗时，背光自动点亮。按键共 21 个，0 ~ 9 为复合键，其他为单功能键。功能键说明如表 2.1 所示。

表 2.1 LKJ 显示器功能键说明

按键	按键主功能	快捷键
【警惕】	暂停或中止报警。如降级 ZTL 报警时暂停报警作用，防溜报警及防溜动作后的报警解除，终止当前语音报警	无
【解锁】	按压此键，请求解除特定情况下的停车控制，或与其他键组合使用请求解除特定情况下的停车控制	无
【缓解】	按压此键，请求撤除常用制动指令	无

续表

按键	按键主功能	快捷键
【向前/1】	（1）在运行中，先按压【车位】键，5 s 内再按压【向前】，调整滞后误差； （2）在操作窗口中，按压此键作数字键【1】使用	快捷键 1
【调车/2】	（1）在符合进入或退出调车模式条件下，按压此键 LKJ 进入或退出调车模式； （2）在操作窗口中，按压此键作数字键【2】使用	快捷键 2
【车位/3】	（1）该键为组合键，与【向前】、【向后】键组合使用完成车位调整请求命令。调整车位时，先按压【车位】键，5 s 内再按压【向前】或【向后】键进行车位调整； （2）在操作窗口中，按压此键作数字键【3】使用	快捷键 3
【进路号/4】	（1）在运行中，当允许选择支线号或侧线号时，按压【进路号】键进入支线号或侧线号输入操作窗口； （2）在操作窗口中，按压此键作数字键【4】使用	快捷键 4
【定标/5】	（1）需 LKJ 记录此操作的时间、位置信息或解除司机警惕控制功能的报警； （2）在操作窗口中，按压此键作数字键【5】使用	快捷键 5
【查询】	按压此键进入信息查询操作状态	无
【转储】	（1）速度为 0 时，按压此键调出文件转储操作状态； （2）速度非 0，且 LKJ 存在当前起控 LKJ 临时数据时，与数字键【1】~【8】组合使用，提供快捷方式解除相应揭示	无
【设定】	按压此键进入或退出参数设定窗口	无
【向后/6】	（1）在运行中，先按压【车位】键，5 s 内再按压【向后】，调整超前误差； （2）在操作窗口中，按压此键作数字键【6】使用	快捷键 6
【开车/7】	（1）当允许开车对标时，按压此键执行开车对标操作； （2）在需要进行特定引导时，和【解锁】键组合进行特定引导行车的办理； （3）在操作窗口中，按压此键作数字键【7】使用	快捷键 7
【自动校正/8】	（1）在运行中，当距离误差较小时，可在地面实际信号机位置按压【自动校正】键，监控主机自动判断滞后或超前误差，进行距离调整； （2）在操作窗口中，按压此键作数字键【8】使用	快捷键 8
【出入库/9】	（1）在符合进入或退出段内走行模式时，按压此键 LKJ 进入或退出段内走行模式； （2）在操作窗口中，按压此键作数字键【9】使用	快捷键 9
【巡检/0】	（1）在运行中，按压此键执行司机机械间巡视记录； （2）在操作窗口中，按压此键作数字键【0】使用	快捷键 0
【↑】	（1）按压此键超过 2 s，弹出“非正常行车窗口”； （2）在非参数编辑状态，按压该键可以调整显示器亮度； （3）在操作窗口中，按压此键作向上方向键使用	无
【↓】	（1）在非参数编辑状态，按压该键可以调整显示器亮度； （2）在操作窗口中，按压此键作向下方向键使用	无
【←】	（1）在非参数编辑状态，按压该键可以调整显示器音量大小； （2）在输入数字时，此键作为退格键； （3）在操作窗口中，按压此键作向左方向键使用	无
【→】	（1）在非参数编辑状态，按压该键可以调整显示器音量大小； （2）在操作窗口中，按压此键作向右方向键使用	无
【确认】	（1）按压此键，确认某个输入项或操作； （2）与其他键组合使用进行特定操作	无

警惕应答按钮：如图 2.10 所示，安装在主司机操纵台上便于司机按压的位置，用于乘务员对警惕报警的应答。

图 2.10 警惕应答按钮

复习思考题

1. LKJ2000 型监控装置显示器位于机车什么位置，由哪几部分组成？
2. LKJ 功能键共多少个？哪些为复合键？
3. 警惕应答键安装在什么位置，有什么功能？

项目三　LKJ2000 型监控装置基本操作

【项目描述】

LKJ2000 型监控装置的基本操作包括开机、换室、屏幕亮度调整参数设定等内容，通过实操训练，形成对监控装置操作的初步体验，熟悉各功能按键。

【教学目标】

1. 能力目标

（1）熟练掌握 LKJ2000 型监控装置各按键操作。
（2）熟练掌握 LKJ2000 型监控装置各项基本操作。

2. 知识目标

（1）掌握 LKJ 监控装置各基本操作相关的知识。
（2）理解各项操作的原因和目标。

3. 素质目标

（1）培养敬业爱岗、遵章守纪、乐于奉献的职业精神。
（2）牢记安全第一、以质量促安全的职业规范。

任务一　LKJ2000 型监控装置开机、换室操作、亮度调整

【教学目标】

（1）掌握监控装置的开机操作，并会判断显示屏界面显示状态是否正常。
（2）能进行显示屏亮度的调整。
（3）会进行换室操作。

【教学地点及设备】

1. 实习地点

列车监控装置应用实训室

2. 设　备

LKJ2000 模拟仿真训练系统

【教学内容】

一、按键操作说明

（1）按压 LKJ2000 型屏幕显示器面板上的按键，可进行相应参数设定操作及各种查询操作。

（2）在输入数据等操作中，可以使用【↑】【↓】【→】【←】4 个方向键将光标移动到所需位置，然后用 0 ~ 9 数字键输入数据，如果输入错误，用向左键【←】删除前一个字符，最后按压【确认】键确认输入。

（3）在输入“客货车”等有下拉菜单的项目时，按压【↓】向下键展开该项目的选项菜单，然后用【↑】【↓】键上下移动光标到所要输入的类型，按压【确认】键确认选项。

二、开机操作

打开主机电源开关（在主机后背板上），主机进行自检、显示器启动（显示器没有电源开关，它的开关状态受主机控制）。自检完毕后显示器进入降级显示状态，显示状态如图 2.11 所示。

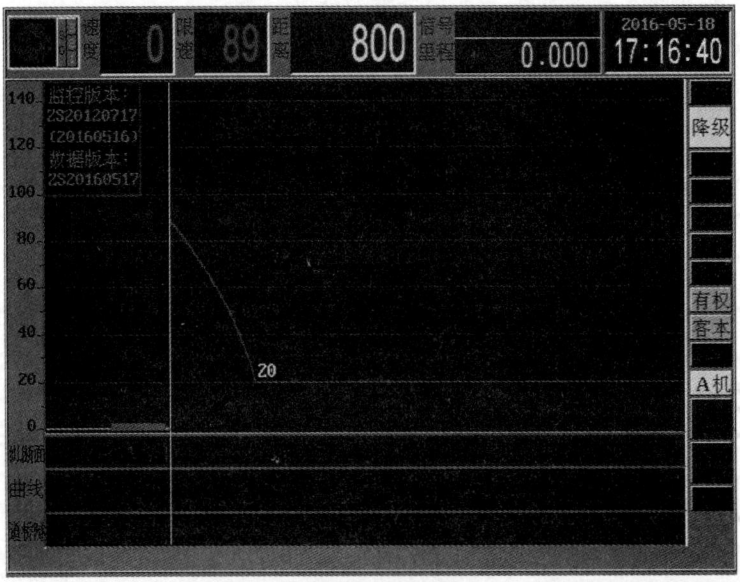

图 2.11　显示屏开机界面

- 信号灯状态窗口：显示机车当前的信号。
- 运行速度窗口：显示机车当前的运行速度值。
- 限制速度窗口：显示机车当前的限速值。
- 日期和时间窗口：显示当前的系统日期及时间。
- 系统状态:【降级】或【调车】亮,【A 机】或【B 机】亮。

＝＝★＝＝＝＝★＝＝
♦ 开机后装置进入原始降级状态，当机车信号为停车信号时，速度超过 5 km/h 报警，若 7 s 内未按【警惕】键，则实施制动控制。

三、选择/确认操作权

装置开机后，显示器进入主界面显示状态，在此状态下两端显示器操作均有效。哪端先进入“监控”状态，则哪端拥有操作权。其标志为显示器操作权显示窗口显示【有权】。

在操作端可进行正常按键操作，而在非操作端只能进行类似“查询”功能的操作。

四、换　室

监控状态下，需要到另一端操纵时，要执行“换室”操作，切换显示器的操作权。

操作方法为：停车后，在有权端按压【调车】键使装置进入“调车”状态，然后在需要有操纵权的显示器上按压【调车】键退出“调车”状态。

五、屏幕亮度调整

在正常监控状态下，可以用【↑】、【↓】方向键调整屏幕亮度。按压【↑】键增加亮度，按压【↓】键减小亮度，共有 5 级亮度调整。

任务二　LKJ2000 型监控装置参数设定

【教学目标】

会用手动输入和 IC 卡输入两种方式进行监控装置的参数设定。

【教学地点及设备】

1. 实习地点

列车监控装置应用实训室

2. 设　备

LKJ2000 模拟仿真训练系统

【教学内容】

一、参数设定目的

由于 LKJ 系统采用车载数据预存储、运用时顺序调用的工作方式，所以机车担当列车牵引前，必须正确设置司机号（副司机号）、监控交路、区段号（交路号）、客货车次，以及牵引总重、牵引辆数、换长等列车编组数据。有计划停用基本闭塞、使用绿色许可证/发车进路通知书、特定引导、临时施工限速时，必须将相应的 LKJ 临时数据通过 IC 卡读入 LKJ 设备。行邮特快专列、客车单机（最高限制速度 105 km/h）以客车设定参数执行；行包快运专列、货车单机（最高限制速度 80 km/h）以货车设定参数执行。因单机转场的特殊性，可将给定的客车单机车次加“1000”，对应变化为货车单机车次操作。

二、参数设定方法

设定操作分为手动按键输入和 IC 卡输入两种。

1. 手动按键输入的方法

（1）按压【设定】键，进入参数设定窗口。通过方向键（【→】【←】【↑】【↓】），移动光标到相应输入框，然后通过按数字键【0】~【9】输入数据。如果输入错误，可用【←】键取消光标前一个字符。修改完任一项设置，要按压一次【确认】键使光标移到下一项，也可用方向键移动光标。在输入列车类型、车次种类、车速等级等有下拉菜单的项目时，按压【↓】键展开该项目的选项，然后用【↑】【↓】键移动光标到所要选择的项目。所有参数修改完毕，使光标移到“确定”按钮，按压【确认】键或直接按压【设定】键，确认修改有效并退出参数设置状态。否则，将光标移到“取消”按钮，按压【确认】键放弃修改并退出参数设置状态。

（2）车次种类选择：在参数设定窗口，将光标移动到“车次种类”选择框，按压【↓】键，显示选择下拉框，下拉框内显示可选择的车次种类。按压方向（【←】【→】【↑】【↓】）键将光标移动到对应的列车类型位置，再按压【确认】键进行选择。对于下拉式选择框，下拉框右侧滚动条显示当前选择行在整个列表中的位置。如列表选择项不大于下拉框最大显示行数，则无滚动条；如选择项多于下拉框显示行数，可用【←】或【→】键向上或向下滚动一页下拉框的显示内容，按压【↑】或【↓】键一次向上或向下移动一行选择光标的位置，下同。列车类型选择下拉框如图 2.12 所示。

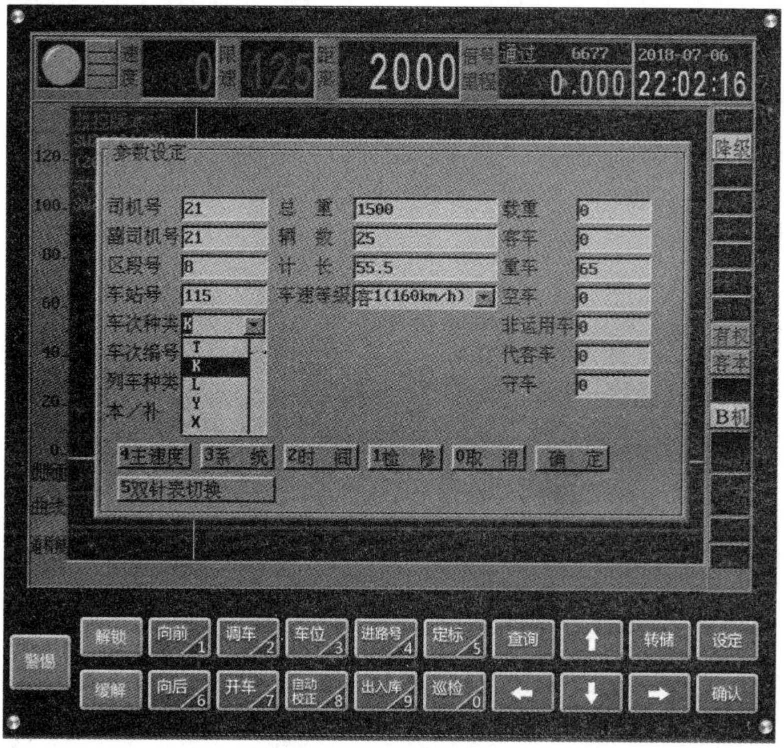

图 2.12　车次类型设定

（3）车速等级选择：在参数设定窗口，将光标移到“车速等级”选择框，默认显示“5（80 km/h）”。按压【↓】键显示选择下拉框。下拉框列表内容为“1（160 km/h）”“2（140 km/h）”“3（120 km/h）”“4（100 km/h）”“5（80 km/h）”“其他”，如图 2.13 所示。按压【↑】或【↓】键将光标移动到对应的车速等级位置再按压【确认】键进行选择。选择“其他”时，调出车速等级输入框，可输入 1 ~ 160 的数值。当输入的数值为 0 或大于 160 时，弹出“输入范围为 1 ~ 160 km/h”的提示框，按压【确认】键后，需重新输入车速等级值。

＝＝★＝＝＝＝★＝＝
★ 列车未明确车速等级要求时，货物列车按 80 km/h、旅客列车按 100 km/h 设定。 ★ 在输入“计长”时，只需连续输入数字即可，装置自动将最后一位数定为小数位。如输入“435”，装置默认为“43.5”。 ★ 对于动车组列车，车次种类和车速等级均无须选择。

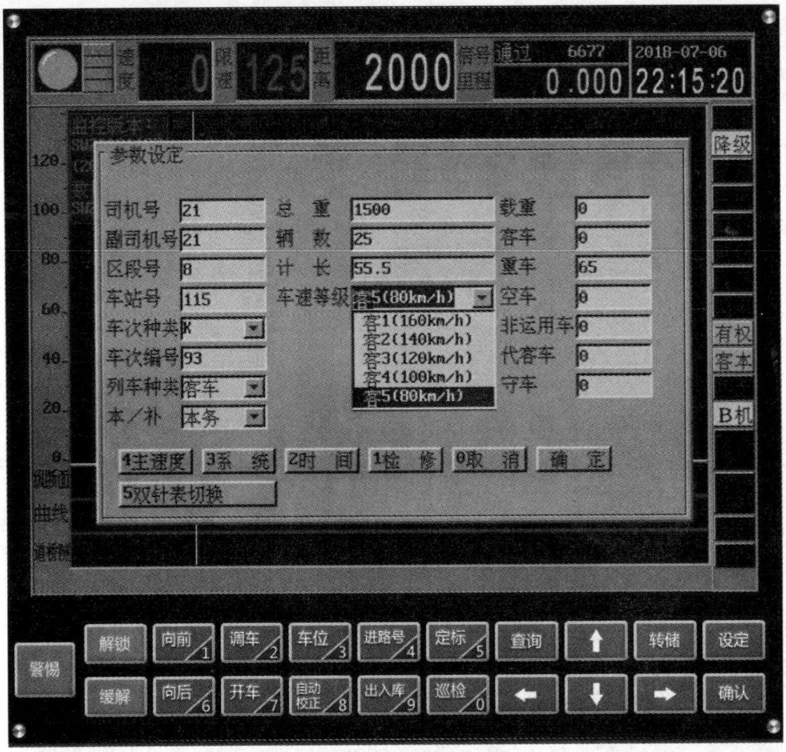

图 2.13 车速等级设定

（4）所有参数修改完毕，使光标移到“确定”按钮，按压【确认】键或直接按压【设定】键退出参数设置状态。

（5）有效输入完成后，【开车】指示灯亮，并在屏幕的左上角显示始发站的名称。

2. 参数输入条件

（1）LKJ 处于随时停车模式、输出控制指令（解除牵引力、常用制动、紧急制动）时，以及处于防溜报警状态，都禁止输入或修改任何参数。

（2）输入“列车类型”“车速等级”必须停车。

（3）当机车信号为停车信号或按停车信号控制时，输入监控交路、车站号、车种标识、车次号码必须停车。

（4）当机车信号为双黄灯时，监控交路、车站号、车种标识、车次号码必须在速度低于 45 km/h 时输入。

（5）当机车信号为其他允许运行的信号，监控交路、车站号、车种标识、车次号码必须在速度低于 60 km/h 时输入。

（6）司机号、编组信息输入无其他要求。

注意：

（1）为防止查询时误设车速等级等参数，查询参数时必须使用【查询】+【6】进行查询操作，禁止使用【设定】键进行查询。因使用【设定】键查询参数造成误设时，必须重新设定“车速等级”并检查无误后方可退出。

（2）中间站调车作业后列车编组须重新输入。

3. IC 卡输入的方法

装置开机后，将写有司机号、副司机号、区段号、车站号、车次以及运行揭示等信息的 IC 卡正确插入显示屏 IC 卡插槽内，显示屏右边“IC 卡”指示灯点亮。如果“IC 卡”指示灯不亮，需检查 IC 卡是否正确插入，IC 卡是否良好。

“IC 卡”指示灯已点亮且机车速度为“0”时，按压【设定】键，装置将卡内的各项信息读出，显示屏弹出参数设定对话框，其显示的参数为 IC 卡信息内容。确认相关信息无误后，再次按压【设定】键，退出参数设定窗口，显示屏显示“发送揭示成功”，按压【确认】键退出。装置将 IC 卡出勤写入的司机临时参数及 IC 卡数据输入监控装置，作为各项控制的基本参数条件。

若 IC 卡输入的司机临时参数与实际信息不符，可按照手动输入方法修改，修改后按压【设定】键，退出参数设定状态。

注意：

（1）使用 IC 卡输入后，装置将刷新存储的揭示信息，因此，必须确认所使用的 IC 卡存储的揭示内容是最新和有效的，不得使用空白 IC 卡进行输入操作。

（2）运行中，连续按压两次【设定】键，可能会造成设定参数修改，应特别注意。

三、参数校对

不论使用手动输入，还是 IC 卡输入，设定成功后，在屏幕上方以蓝底白字显示始发站名、车次号码、监控交路、司机号、列车编组等信息，供乘务员核对，如图 2.14 所示。

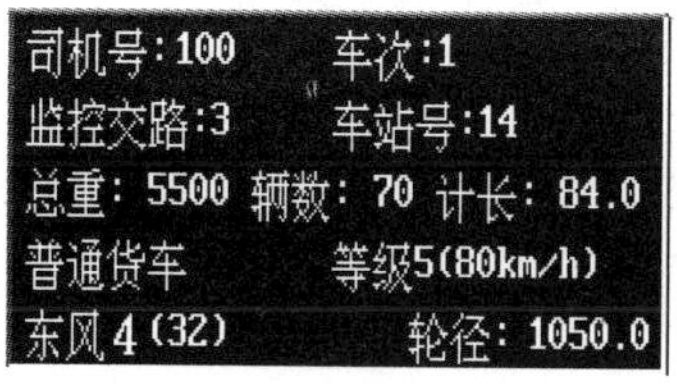

普通列车

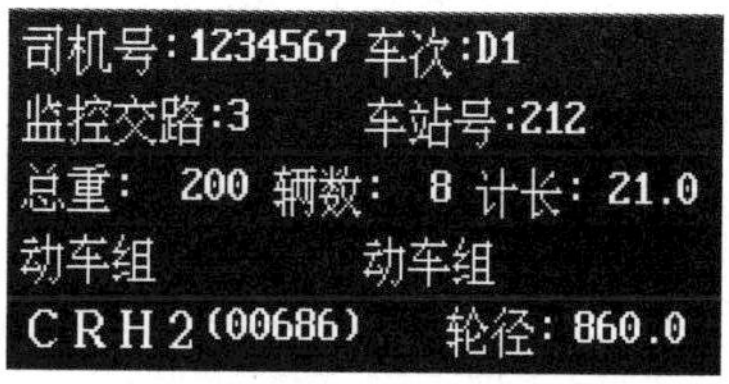

动车组列车

图 2.14　参数校对显示

所有信息输入完成后将光标移到“确认”按钮上，再按【确认】键完成输入信息设定。LKJ 以输入车速等级的限速值自动加 5 km/h 作为本次列车的最高常用固定模式限速值。必须选择车速等级，否则不允许退出设定界面。参数设定完成退出参数设定界面时，屏幕显示器检测监控主机发送的车速等级与列车种类是否矛盾，因其他原因造成输入矛盾时（例如：列车种类固定为客车的监控交路，输入列车种类时误选择为货车，且车速等级选择的范围非客车的 5 种车速等级时）在屏幕中间显示红底黄字的“车速等级与列车种类矛盾!”提示，且不允许开车对标操作，必须重新选择车速等级。

LKJ 在揭示输入、系统上电、主备机切换等过程，会对因传输中断、上电后揭示数据内容异常等原因引起揭示内容异常变化的情况弹出揭示异常提示信息，提示界面如图 2.15 所示。这时应重新进行输入揭示操作。

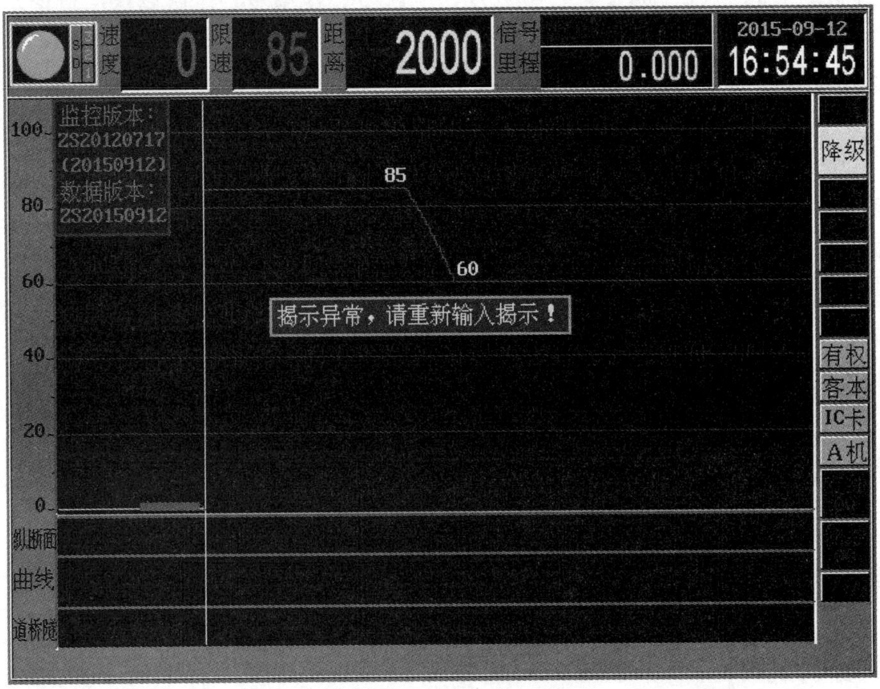

图 2.15　揭示异常提示

所有信息输入完成后将光标移到“确认”按钮上，再按【确认】键完成输入信息设定。LKJ 以输入车速等级的限制值自动加 5 km/h 作为本次列车的最高常用固定模式限速值，并弹出“参数校核提示窗口”，参数校核提示窗口中以红底黄字显示当前选定的车速等级，机车乘务员需对“参数校核提示窗口”显示的设定参数进行确认。

四、临时数据文件输入条件

（1）LKJ 处于随时停车模式、输出控制指令（解除牵引力、常用制动、紧急制动）时，以及处于防溜报警状态，都禁止 IC 卡输入。

（2）当机车信号为停车信号或按停车信号控制时，必须在停车时进行 IC 卡输入。

（3）当机车信号为双黄灯时，必须在速度低于 45 km/h 时进行 IC 卡输入。

（4）当机车信号为其他允许运行的信号，必须在速度低于 60 km/h 时进行 IC 卡输入。

注意：

使用 IC 卡输入后，装置将刷新存储的 LKJ 临时数据。因此，必须确认所使用的 IC 卡内的 LKJ 临时数据是最新的、有效的。不得使用内容空白的卡（按照规定清除过期的 LKJ 临时数据除外）。无论有无 LKJ 临时数据，都必须进行 IC 卡读卡操作。

任务三　LKJ2000 型监控装置查询操作

【教学目标】

掌握监控装置的查询操作。

【教学地点及设备】

1. 实习地点

列车监控装置应用实训室

2. 设　备

LKJ2000 模拟仿真训练系统

【教学内容】

LKJ2000 型监控装置查询功能

按压显示器【查询】键，显示器弹出“查询选择”窗口（见图 2.16）。将光标移到相应查询项目上按压【确认】键，或直接按压查询项序号对应的数字键，显示相关信息数据。查询相关信息数据后，按【确认】键可关闭查询窗口。

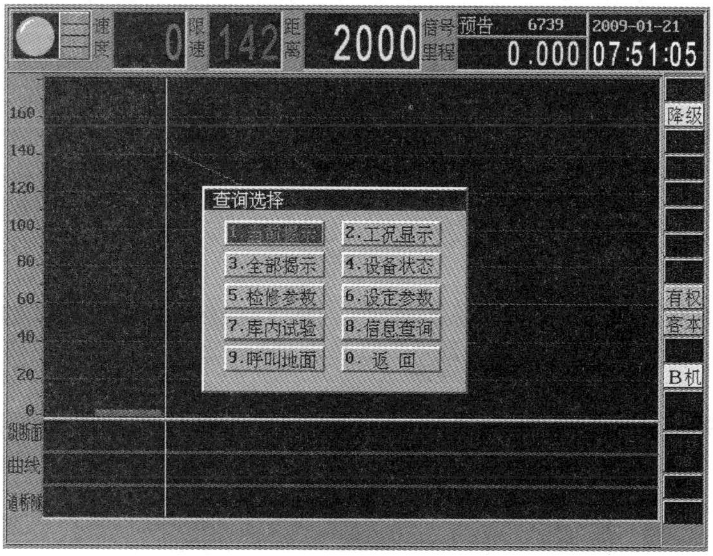

图 2.16　查询选择窗口示意图

1. 当前揭示查询

操作目的：列车运行时查询距前方客车 3000 m、货车 2000 m 以内的揭示。

操作方法：在“查询选择”窗口，利用光标键移动光标到“当前揭示”按钮，然后按压【确认】键，或者直接按压数字键【1】，进入揭示查询界面。当没有揭示信息时，提示“禁止查询!”。屏幕上的揭示显示分 3 种：底色为白色的是正常的揭示，绿色的是已经越过的揭示，红色是已经解除的揭示。

2. 工况信息查询

操作目的：查询手柄位置、千米标等数据。

操作方法：在“查询选择”窗口，利用光标移动键将光标移到“工况显示”按钮，然后按压【确认】键，或直接按压数字键【2】。此时在屏幕右上角弹出“工况信息”窗口。这个显示窗口将一直存在，直到再次按压【确认】键才消失，如图 2.17 所示。

图 2.17 机车工况显示界面示意图

3. 全部揭示查询

操作目的：停车时查询装置内的所有揭示信息。

操作方法：在“查询选择”窗口，利用光标键移动光标到“全部揭示”按钮，然后按压【确认】键，或者直接按压数字键【3】，进入揭示查询界面，如图 1.26 所示。当没有揭示信息时，提示“禁止查询!”。屏幕上的揭示显示分 3 种：底色为白色的是正常的揭示，底色为绿色的是已经越过的揭示，底色为红色是已经解除的揭示。如果揭示较多，可以用上下方向键翻页显示。

股道揭示的站名超过 8 个汉字时，股道号在第 2 页进行显示，可通过按压显示器数字键【2】进行切换显示，如图 2.18 所示。

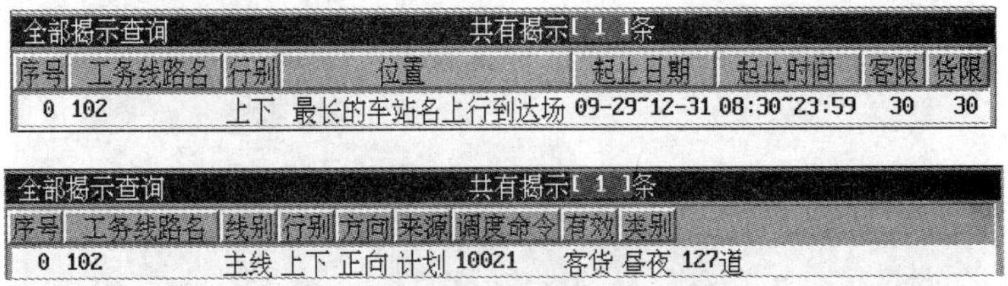

图 2.18 站名超过 8 字符显示

4．揭示的筛选

操作目的：查询输入的全部揭示中与某条工务线路相关的揭示，如图 2.19 所示，输入的全部揭示中有京广线和郑州北环线的揭示，但此时若只想查询郑州北环线的揭示，可使用揭示的筛选功能。

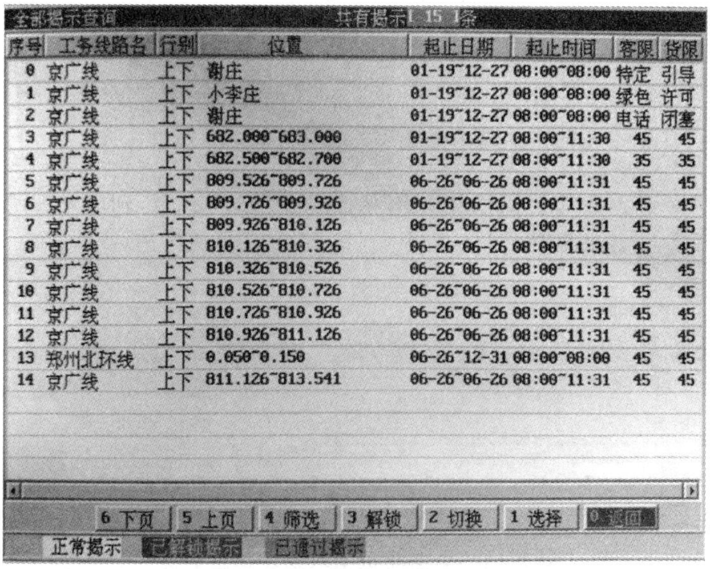

图 2.19　显示屏全部揭示查询页面

操作方法：机车速度为“0”，按压【查询】键进入“全部揭示”查询状态，将光标移至“全部揭示”位置，按压【确认】键，或直接按压数字键【3】，显示屏显示装置存储的全部运行揭示信息，如图 2.19 所示。将光标移动到“4 筛选”上，按【确认】键，进入揭示筛选界面，如图 2.20 所示。

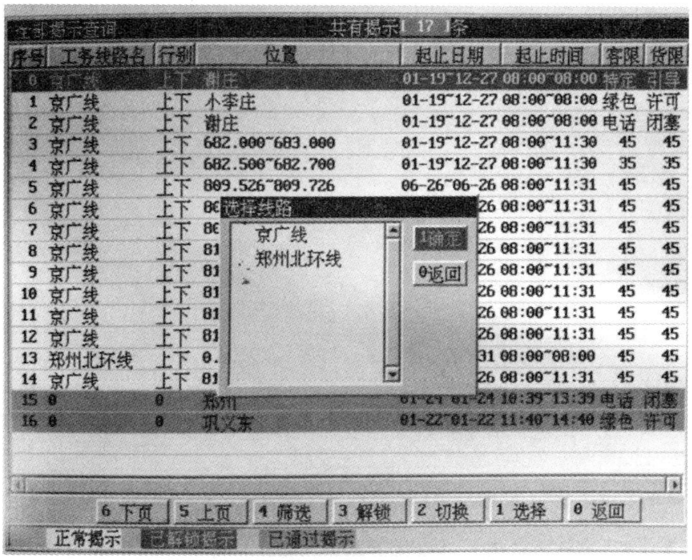

图 2.20　揭示筛选界面

通过按压【→】【←】【↑】【↓】键，将光标移至所列的工务线路上，按【确认】键选中所要查询的线路，如图 2.21 所示（筛选有关郑州北环线的揭示）。

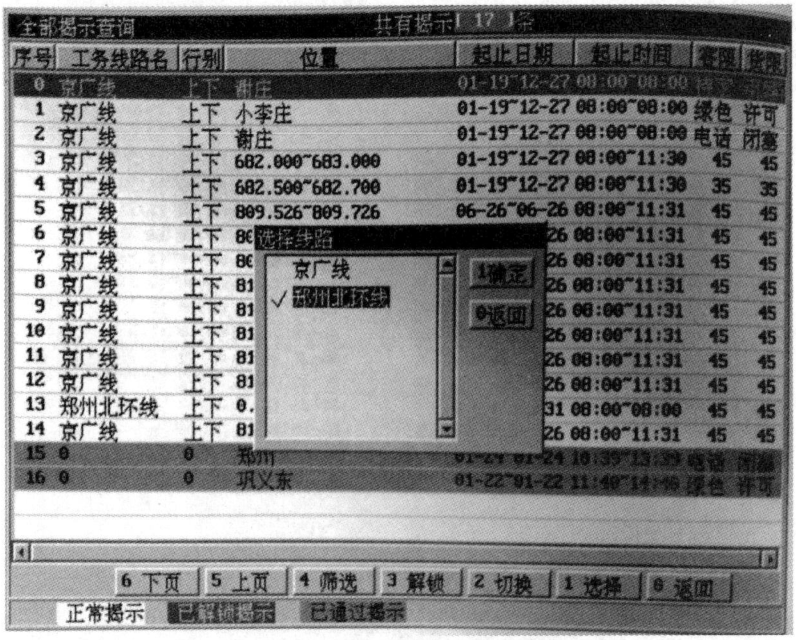

图 2.21　选中查询工务线路揭示界面

将光标移至“确认”按钮上，按压【确认】键，即可查询选中的工务线路的有关揭示，如图 2.22 所示。

图 2.22　筛选后的揭示查询界面

5. 设备状态查询

操作目的：查看设备的工作状况。

操作方法：在“查询选择”窗口，利用光标移动键将光标移到“设备状态”按钮，然后按压【确认】键，或直接按压数字键【4】，屏幕弹出系统当前各模块工作状态和故障状态指示，如图 2.23 所示。

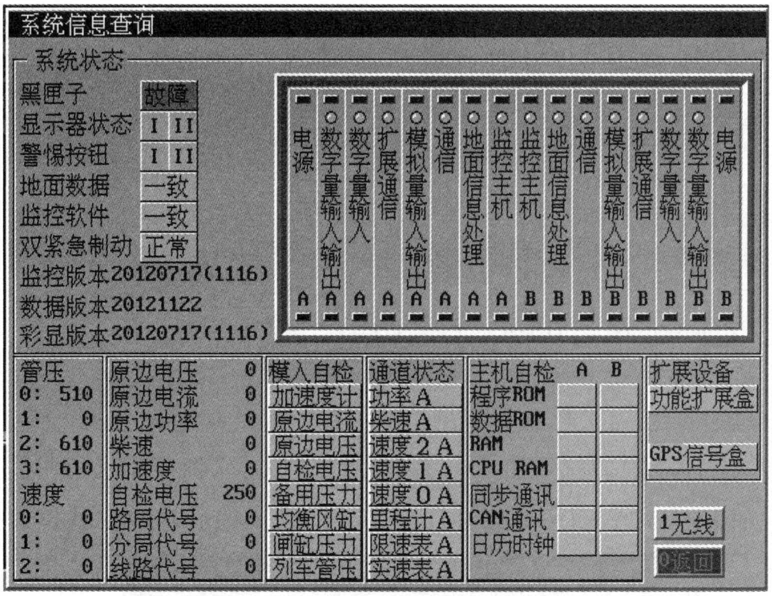

图 2.23 设备状态查询界面

设备状态显示窗口的上半部分是系统模块状态和软件、数据版本号，左侧从上到下分别为事故状态记录器（黑匣子）、Ⅰ端和Ⅱ端显示器状态、Ⅰ端和Ⅱ端警惕按钮状态、地面数据和监控软件（两个主机内部的）是否一致、双紧急制动通道是否正常，下面是主机和显示屏的软件版本号。

右边显示的是主机箱中各插件的工作状态，与主机箱内插件的实际排列一致，可以很直观地看到各插件的工作状态。如果插件板上的指示灯是绿色，说明该插件工作正常；红色说明该插件工作异常。如果是单机工作，则另一主机各插件上的指示灯都是灰色。窗口的下半部分是系统各模块和通道的自检状态和采集数据显示。

除Ⅱ端显示器、黑匣子为红色外，设备正常时不应出现其他红色显示。

查询结束后，按压【确认】键返回。

6. 设定参数查询

操作目的：查看设定参数。

操作方法：在“查询选择”窗口，利用光标移动键将光标移到“设定参数”按钮，然后按压【确认】键，或直接按压数字键【6】，屏幕弹出系统当前设定参数，内容包括司机号、副司机号、区段号、车站号、车次、总重、计长、辆数及编组信息等。

7. 库内试验

操作目的：机车出库前或入库后，地面检测人员执行此操作检查制动设备状况。此操作包括对 A 机和 B 机常用制动和紧急制动试验。

操作方法：调车状态下，速度为 0 时，按压一次【查询】键，进入“查询选择”对话框。按压数字键【7】，弹出“检查”对话框，同时屏幕右上角自动弹出“工况显示”窗口，以便监视压力变化。

此时，直接按压相应的数字键进行制动试验，试验结束后，按压【0】键退出。

进行常用制动试验时，列车管减压量为 110 kPa（误差不超过 10 kPa）。按钮上的 A 和 B 表示 A 机和 B 机。

8. 制动试验

操作目的：检查装置工作状态和制动输出状况，包括对 A 机和 B 机常用制动和紧急制动的试验。

操作方法：速度为 0 时，按压一次【查询】键，进入“查询选择”对话框。将光标移到“制动试验”上按压【确认】键弹出制动试验窗口（见图 2.24），直接按压相应的数字键进行制动试验，试验结束后，按压【0】键退出。按钮上的 A 和 B 表示 A 机和 B 机。

注意：常用制动实验、紧急制动试验自动缓解（见图 2.25）。（制动试验过程中不允许人工结束。）

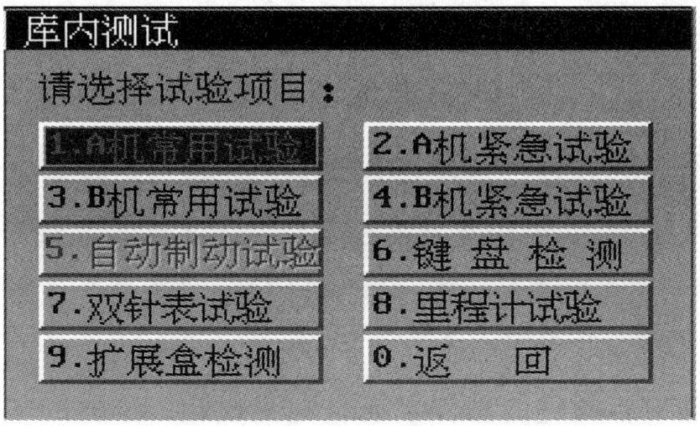

图 2.24 制动试验显示界面

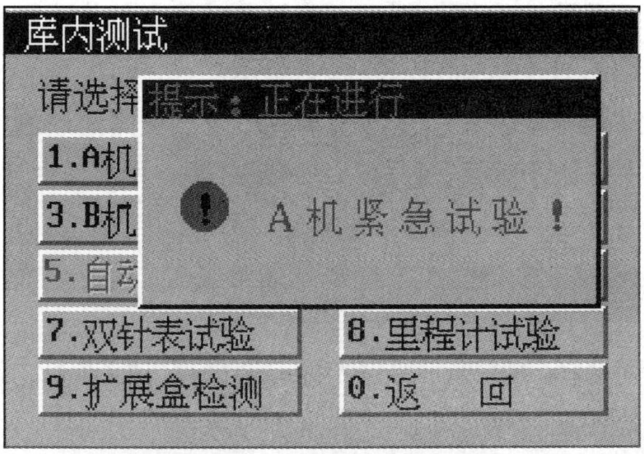

图 2.25 紧急试验显示界面

9. 信息查询

操作目的：检查显示面板上各按键及副司机解锁按钮、信号确认按钮作用是否良好。

操作方法：在“查询选择”窗口，利用光标移动键将光标移到“键盘检测”按钮，然后按压【确认】键，或直接按压数字键【8】，屏幕下方弹出各按键及副司机解锁按钮、信号确认按钮的图形。按压相应的按键或按钮，显示屏幕对应按键的颜色由浅变深，表示该按键或按钮作用正常。若按键颜色不变，则说明该按键或按钮作用不良。查询结束后，再次按压【确认】键，将光标移至“确定”按钮后，再次按压【确认】键。

10.“呼叫地面”试验

操作目的：进行车载无线传输设备通话试验。

操作方法：在“查询选择”窗口，将光标移至“呼叫地面”位置，按压【确认】键，或直接按压数字键【9】，显示屏弹出“呼叫项目选择窗口”，按压相应的按键选择呼叫项目，可分别进行：① 呼叫本段；② 呼叫调度；③ 呼叫前方调度；④ 挂断；⑤ 测试等试验。测试完毕自动返回。

任务四　LKJ2000 型监控装置出入段及进入和退出调车操作

【教学目标】

（1）了解对【出入库】键操作的注意事项，能正确使用该键进行出入库操作。
（2）会进行进入/退出普通调车操作。
（3）掌握进入/退出专用调车状态。

【教学地点及设备】

1. 实习地点

列车监控装置应用实训室

2. 设　备

LKJ2000 模拟仿真训练系统

【教学内容】

一、LKJ2000 型监控装置出入库操作

在机车出入段，对【出入库】键的操作必须在停车状态下进行，方法如下：

（1）司机在段内出勤，登乘机车后，对装置进行下列操作：① 开机→读卡→查询司机和副司机号→查询交路号、车站号和车次→逐条查询核对运行揭示；② 需要时输入出入段车次，按压【出入库】键，使【入段】和【调车】灯点亮；③ 机车运行至站段分界点停车，按压【出入库】键，确认【入段】灯灭，装置记录出段时分。

（2）列车到达终点站停妥后，进行下列操作：

① 需要时输入出入段车次，或按压【调车】键，点亮【调车】灯；

② 机车运行至站段分界点停车，按压【出入库】键，点亮【入段】灯，装置记录入段时分；

③ 机车入段停车后，及时转储装置记录的列车运行数据文件。

（3）按压一次【出入库】键，【入段】或【出段】灯亮，再按一次【出入库】键，【入段】或【出段】灯灭。当装置为通常监控状态、调车状态或降级状态，按压【出入库】键，点亮【入段】或【出段】灯时，装置进入出入段限速监控状态，最高限速为 16 km/h。

二、LKJ2000 型监控装置进入/退出专用调车状态操作

（1）进入：非调车模式下，速度为 0 时，按压【调车】键，进入调车模式，模式栏显示“调车”。限制速度窗口显示“41”，距离窗口显示“0”。动车后，语音提示“注意调车信号”，如图 2.26 所示。

（2）退出：在调车模式下，按一次【调车】键，返回进入“调车”状态之前的状态（通常监控或降级状态）。先退出调车状态的一端有操作权。

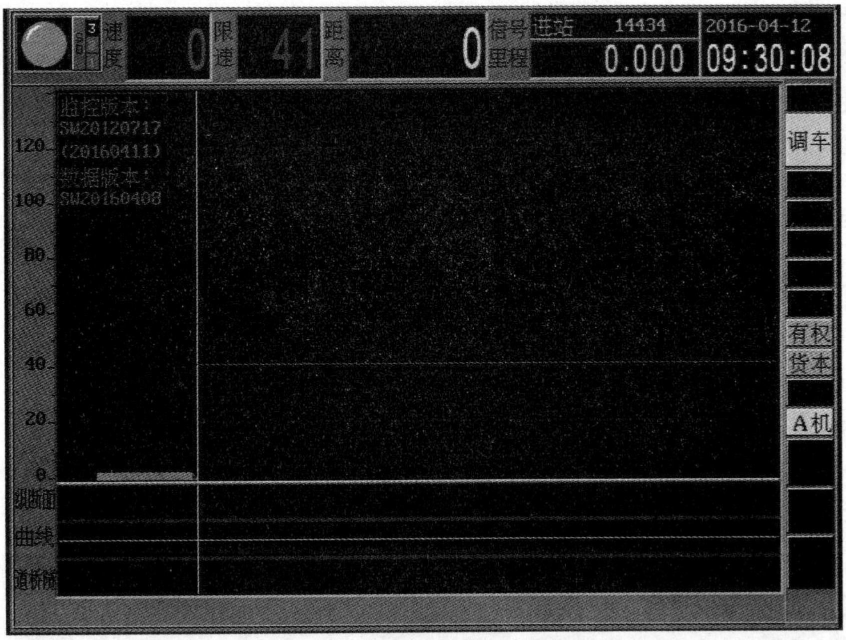

图 2.26 调车模式显示界面

任务五　LKJ2000 型监控装置 IC 卡转储数据操作

【教学目标】

学会利用 IC 卡转储装置记录的运行数据文件。

【教学地点及设备】

1. 实习地点

列车监控装置应用实训室

2. 设　备

LKJ2000 模拟仿真训练系统

【教学内容】

LKJ2000 型监控装置 IC 卡转储数据操作

利用 IC 卡转储装置记录的运行数据文件时，根据转储的范围或多少可以分为选择转储、全部转储、转储所有未转文件三种情况。

1.“选择转储”操作方法

（1）在速度为 0 的情况下按压【转储】键后屏幕弹出“文件转储”窗口，光标默认为“选择文件”状态，如图 2.27 所示。

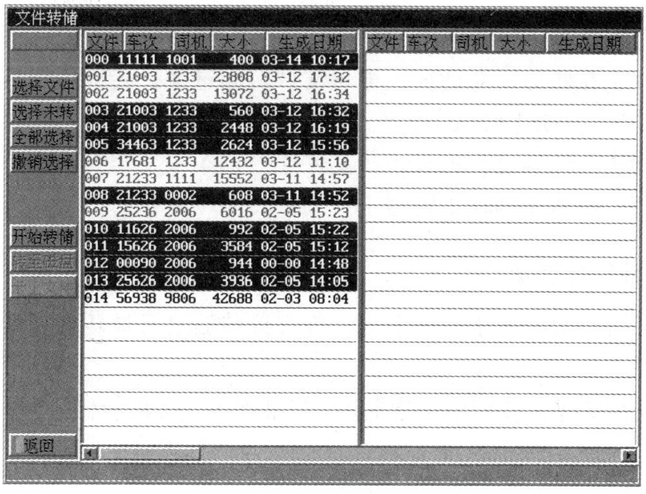

图 2.27　文件转储

（2）按压【确认】键后，用【↑】、【↓】方向键移动光标到欲转储文件，按压【确认】键选中这个文件。选中后光标条自动移到下一个文件，同时选中的文件变成蓝色。如果想取消已经选中的文件，只需将光标条移到所选文件，再次按压【确认】键即可取消对这个文件的选择。

（3）文件选择完毕，按压【←】方向键，光标自动移至“开始转储”按钮，按压【确认】键，进行文件转储操作。此时会弹出“正在转储”对话窗，如图 2.28 所示。

界面中将显示文件转储进度，转储完毕后弹出“注意”提示窗口提示“转储成功”。按压【确认】键，光标自动移至“卡上文件”，再次按压【确认】键显示卡上已转储的列表文件信息，内容包括文件序号、车次、司机、大小、生成日期，移动光标至“返回”按钮，按压【确认】键退出“文件转储”窗口。

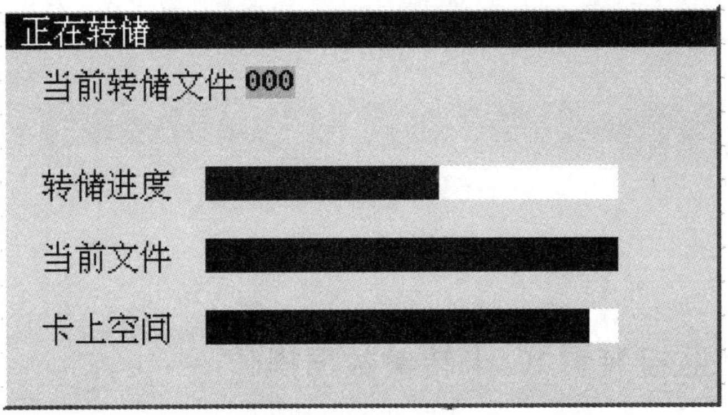

图 2.28　转储示意图

2.“全部转储”操作方法

（1）在速度为 0 的情况下按压【转储】键，屏幕弹出“文件转储”窗口，光标默认为“选择文件”状态。

（2）用【↑】、【↓】方向键移动光标到“选择全部”按钮，按压【确认】键，所有文件目录变成蓝色。

（3）文件选择完毕，光标自动移至“开始转储”按钮，按压【确认】键，进行文件转储操作。此时会弹出“正在转储”对话窗，显示文件转储进度，转储完毕后弹出“注意”提示窗口提示“转储成功”，按压【确认】键，光标自动移至“卡上文件”，再次按压【确认】键显示卡上已转储的列表文件信息，内容包括文件序号、车次、司机、大小、生成日期，移动光标至“返回”按钮，按压【确认】键退出“文件转储”窗口。

3. 转储未转文件操作方法

进入转储界面后，再次按压【转储】键，将直接转储没有被转储过的文件，也可以按照下面的方法分步转储。

（1）在速度为 0 的情况下按压【转储】键，屏幕弹出“文件转储”窗口，光标默认为“选择文件”状态，。

（2）光标移至“选择未转”按钮，按压【确认】键，所有未转文件被选中并显示为蓝色。

（3）文件选择完毕，光标自动移至“开始转储”按钮，按压【确认】键，进行文件转储操作。此时会弹出“正在转储”对话窗，显示文件转储进度，转储完毕后弹出“注意”提示窗口提示“转储成功”。按压【确认】键，光标自动移至“卡上文件”，再次按压【确认】键显示卡上已转储的列表文件信息，内容包括文件序号、车次、司机、大小、生成日期，移动光标至“返回”按钮，按压【确认】键退出“文件转储”窗口。

注意：

（1）文件选中后可以将光标移至“撤销选择”，按压【确认】键，所有已选中的文件被撤销，可将光标移至“选择文件”重新选择。

（2）转储结束后，如果转储不成功，自动弹出一窗口，提示“写卡失败”，按压【确认】键后可重新选择文件进行转储。若提示“卡已满”，可以换卡重新进行转储操作。

（3）在停车且监控状态下运行揭示正在控制时，不可进行转储操作。

复习思考题

1. LKJ2000 型监控装置如何进行开机操作？

2. LKJ2000 型监控装置如何选择/确认操作权，操作端和非操作端分别可以进行哪些操作？

3. LKJ2000 型监控装置如何进行换室操作？

4. LKJ2000 型监控装置如何进行 IC 卡输入参数设定？

5. LKJ2000 型监控装置如何进行查询操作？

6. LKJ2000 型监控装置如何进行当前揭示查询操作？

7. LKJ2000 型监控装置如何进行出入库操作？

8. LKJ2000 型监控装置如何进行 IC 卡转储操作？

项目四 途中运行操作

【项目描述】

通过运行过程中对LKJ2000型监控装置的正确操作，保证列车的安全正点运行。

【教学目标】

1. 能力目标

（1）熟悉途中运行操作的类型。
（2）熟练掌握机车运行过程中的各项操作。

2. 知识目标

掌握各途中运行操作的原理。

3. 素质目标

（1）培养敬业爱岗、遵章守纪、乐于奉献的职业精神。
（2）牢记安全第一、以质量促安全的职业规范。

任务一 开车操作

【教学目标】

（1）掌握按压【开车】键的有关注意事项。
（2）能在规定地点正确按压【开车】键。

【教学地点及设备】

1. 实习地点

列车监控装置应用实训室

2. 设 备

LKJ2000模拟仿真训练系统

【教学内容】

开车操作

当机车经过规定的对标开车基准点时，按【开车】键完成“开车”操作，装置调出前方信号机数据，进入“监控”状态。此时显示屏上方数据窗口将会显示实际速度、限制速度、前方信号机种类、距离等相应的数据，如图 2.29 所示。

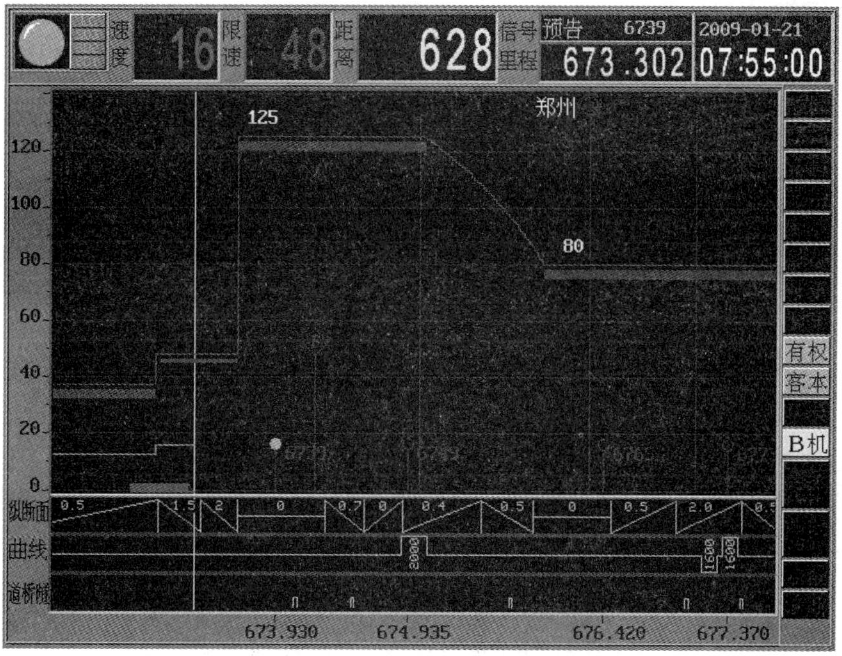

图 2.29　监控装置正常监控状态

注意：

（1）当处于降级报警状态时，应首先按【警惕】键暂停降级报警，然后再按【开车】键完成“开车”操作。

（2）按【开车】键时必须是降级状态，调车状态下无效。

（3）机车信号为双黄灯、双黄灯转白灯、黄灯转白灯、白灯开车固定按侧线控制。

任务二　防止列车超速

【教学目标】

（1）掌握监控装置防止列车超速的原理。

（2）掌握显示屏界面上单红线、光带颜色等的具体含义。

【教学地点及设备】

1. 实习地点

列车监控装置应用实训室

2. 设　备

LKJ2000 模拟仿真训练系统

【教学内容】

防止列车超速

（1）以各类允许速度和限制速度的最低值为列车限速值。

列车在平直的限速区段运行称为固定模式区；列车在目标降速点不为“0”的区段运行称为减速模式区；列车在目标点为“0”的区段运行称为停车模式区。不同模式区的示意如图 2.30 所示。

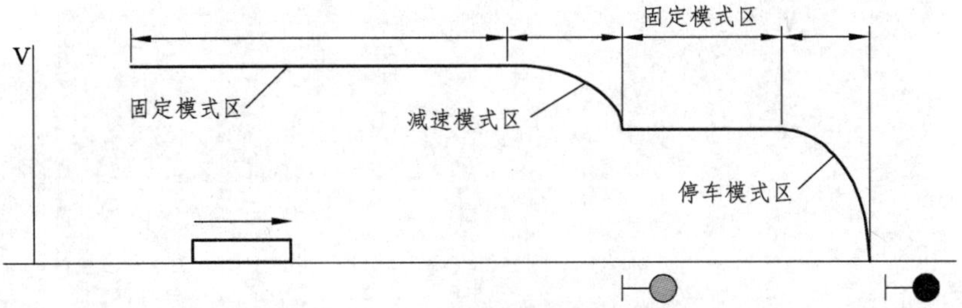

图 2.30　不同速度模式示意图

（2）当列车运行速度达到列车限速值+2 km/h 时语音提示；当列车运行速度达到列车限速值+3 km/h 时解除牵引力；当列车运行速度达到列车限速值+5 km/h 时实施常用制动；当列车运行速度达到列车限速值+8 km/h 时实施紧急制动。

（3）对于侧向道岔和临时施工慢行、半径为 400 m 及以下的线路曲线引起的列车限速，规定为

① 当列车运行速度达到列车限速值时语音提示；

② 当列车运行速度达到列车限速值+1 km/h 时解除牵引力；

③ 当列车运行速度达到列车限速值+3 km/h 时实施常用制动；

④ 当列车运行速度达到列车限速值+5 km/h 时实施紧急制动。

（4）装置实施解除牵引力控制后，当列车运行速度低于模式限速值 3 km/h 时，自动解除控制。

装置实施常用制动控制后，列车在固定模式限速区运行，实际速度低于固定模式限速值 5 km/h 时，提供缓解条件；列车在减速模式区运行，实际速度低于目标限速后，提供缓解条件；列车在停车的模式下运行，列车停车后提供缓解条件。装置实施紧急制动控制后，列车停车后自动解除控制指令。

（5）显示界面如下：

当列车运行速度≥列车限速值时，在曲线显示窗口的左边界处显示一个放大的标尺窗口，标尺纵向坐标以常用制动速度值为中点，上边界为列车紧急制动限速值，下边界为列车限速值。同时，用数字提示当前列车运行速度与常用制动速度值（即操纵考核值）的差值。

常用制动速度值用单红线表示。列车限速值与列车解除牵引力速度值之间用光带显示，光带颜色按如下规律变化：

① 当列车运行速度<列车限速值时，光带用灰色显示；

② 列车限速值≤列车运行速度< 解除牵引力值时，光带用黄色显示；

③ 当列车运行速度≥解除牵引力值时，光带用黄色显示，并以 1 Hz 的频率闪烁。

光带和放大窗口显示界面如图 2.31 所示。

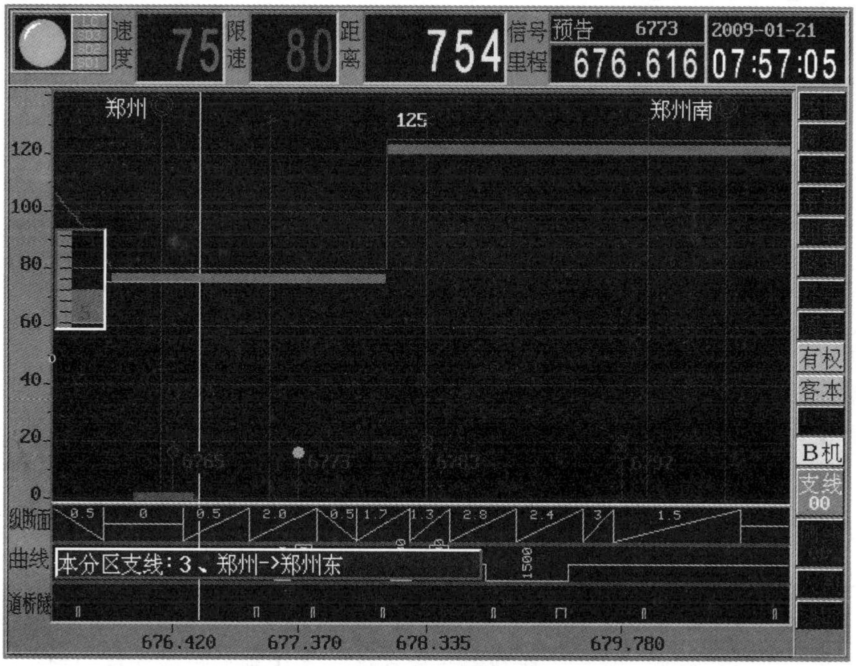

图 2.31　光带和放大窗口显示界面

任务三　防止减速信号超速及防止冒进信号

【教学目标】

（1）掌握列车在减速模式区运行时，装置语音提示、解除牵引力和实施制动的控制时机。

（2）掌握机车牵引列车的装置自动关闭常用制动控制功能的情况。

【教学地点及设备】

1. 实习地点

列车监控装置应用实训室

2. 设　备

LKJ2000 模拟仿真训练系统

【教学内容】

防止减速信号超速及防止冒进信号

（1）装置采用分级控制时，列车在减速信号前，装置工作在减速模式区，控制模式的计算规定如下：

① 常用制动距离计算，应计算空走距离；

② 装置输出常用制动指令后的紧急制动距离计算，不计算空走距离；

③ 装置满足取消常用制动的条件，取消常用制动后的紧急制动距离计算，应计算空走距离；

④ 常用计算模式：限速值按减速信号目标地点的限速值+5 km/h 计算确定；

⑤ 紧急计算模式：限速值按减速目标地点的限速值+8 km/h 计算确定。

（2）列车在减速模式区运行，装置语音提示、解除牵引力和实施制动的控制时机设置如下：

① 常用制动距离计算模式：限速值 – 实际运行速度值≤5 km/h 时，语音提示；

② 常用制动距离计算模式：限速值 – 实际运行速度值≤1 km/h 时，解除牵引力；

③ 常用制动距离计算模式：限速值 – 实际运行速度值 = 0 km/h 时，实施常用制动控制；

④ 紧急制动距离计算模式：限速值 – 实际运行速度值 = 0 km/h 时，实施紧急制动控制。

（3）列车在停车信号前，装置工作在停车模式区，常用制动距离计算和紧急制动距离计算均计入空走距离。装置语音提示、解除牵引力和实施制动的控制时机设置如下：

① 常用制动距离计算模式：限速值 – 实际运行速度值≤5 km/h 时，语音提示；

② 常用制动距离计算模式：限速值 – 实际运行速度值≤1 km/h 时，解除牵引力；

③ 常用制动距离计算模式：限速值 – 实际运行速度值 = 0 km/h 时，实施常用制动控制；

④ 紧急制动距离计算模式：限速值 – 实际运行速度值 = 0 km/h 时，实施紧急制动控制。

（4）下列特定情况下，允许机车牵引列车的装置自动关闭常用制动控制功能。自动关闭常用制动控制功能后，紧急固定模式限速值按常用固定模式限速值取值：

① 在长大下坡道地段，且机车不具备电阻制动功能；

② 在减速模式或停车模式区，人工减压≥50 kPa 后；

③ 站内停车控制仅采用紧急制动控制。

任务四　降级状态控制

【教学目标】

（1）掌握列车发生降级状态控制的时机。
（2）掌握在降级控制状态下，显示屏界面指示灯的显示状态。
（3）掌握装置处于降级控制状态时，采用的防超速监控功能情况。
（4）掌握装置由降级控制状态恢复到正常监控状态的操作方法。
（5）掌握人为由正常监控状态转为降级状态的条件。

【教学地点及设备】

1. 实习地点

列车监控装置应用实训室

2. 设　备

LKJ2000 模拟仿真训练系统

【教学内容】

降级状态控制

（1）列车运行中，当发生下列情况之一时，装置处于降级控制状态：

① 装置关机后超过 30 s 再开机，司机未输入正确的数据或输入数据后未按【开车】键之前；

② 列车到达终点站，机车担当牵引任务完成，装置的交路数据走完后；

③ 列车运行途中，装置的程序发生混乱时；

④ 装置由“20 km/h 限速模式”切回到正常控制模式时；

⑤ 人为设置为降级状态。

（2）装置处于降级控制状态时，“降级”指示灯亮，“调车”指示灯灭。装置处于降级控制状态时，采用以下防超速监控功能：

① 机车信号为停车信号（含白灯），当列车运行速度超过 5 km/h 时；

② 装置实施周期语音提示，司机在 7 s 内未按压【警惕】键进行应答操作，装置实施紧急制动控制。当列车运行速度<5 km/h 时，语音提示自动解除；

③ 机车信号为进行信号，列车运行 2000 m 后限速为 60 km/h；

④ 机车信号由进行信号变为停车信号，列车运行 800 m 后限速为 20 km/h。

（3）装置需要由降级控制状态恢复到正常监控状态时，应重新输入前方站号，运行到该站正线出站信号机（或指定地点）处按压【开车】键即可。

（4）装置未发出卸载、常用、紧急制动指令且不处于防溜报警和警惕报警状态，并满足以下条件之一时，方可人为由正常监控状态转为降级状态：

① 机车信号为停车信号或按停车信号控制的信号，且列车处于停车状态；

② 机车信号为 UU 灯，且列车速度< 45 km/h；

③ 机车信号为其他进行的信号，且列车速度< 60 km/h；

④ 机车信号为红黄灯（或按照停车信号处理的"灭灯""单红灯"，手信号引导，货车特殊前行）特定引导等解锁开口后，且列车处于停车状态；

⑤ 机车信号为"红黄闪"灯信号，前方信号机开口控制后，且列车处于停车状态；

⑥ 半自闭区间信号机的"红黄灯"（或按照停车信号处理的"灭灯""单红灯"），且列车处于停车状态；

（5）本务/非本务状态和客货混用交路，客货状态的改变必须在停车状态下进行。

任务五 防溜控制及解除

【教学目标】

（1）了解防溜控制的几种方式。

（2）掌握启动各种防溜控制的时机，并会进行防溜解除。

【教学地点及设备】

1. 实习地点

列车监控装置应用实训室

2. 设 备

LKJ2000 模拟仿真训练系统

【教学内容】

防溜控制及解除装置的防溜控制分为管压、手柄、相位三种方式，在 LKJ 的通常状态、降级状态、调车状态、20 km/h 限速状态下同时开通使用。

一、管压防溜控制

（1）满足下列条件之一时，装置启动管压防溜控制，语音提示“注意管压防溜”，10 s 后实施紧急制动：

① 客货列车在通常状态下停车后，5 s 内列车管减压量未达到 80 kPa；

② 单机车次在通常状态下停车或其他车次在调车状态下机车停车后 5 s 内列车管减压未达到 80 kPa 或制动缸压力未达到 80 kPa。

防溜控制启动后显示屏显示如图 2.32 所示。

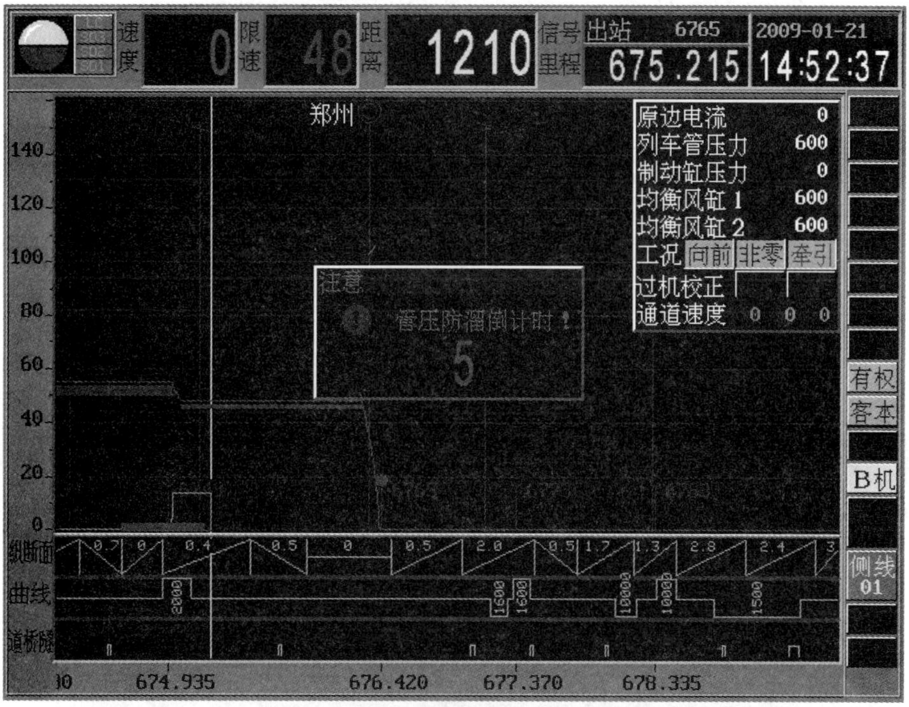

图 2.32　防溜控制启动后显示界面

（2）装置启动管压防溜控制，语音提示“注意管压防溜”后，采用下列方法之一，可解除管压防溜控制（见图 2.33）：

① 追加减压，使列车管累计减压量达到 80 kPa 以上；

② 语音提示时间内按压一次【警惕】键；

③ 单机车次或调车状态，可使用单阀，使制动缸压力大于 80 kPa。

（3）若列车缓解后 60 s 不开车，装置将再次启动防溜控制功能，且持续语音提示 90 s 后实施紧急制动。

（4）装置防溜控制制动后，需按压一次【警惕】键方可缓解。

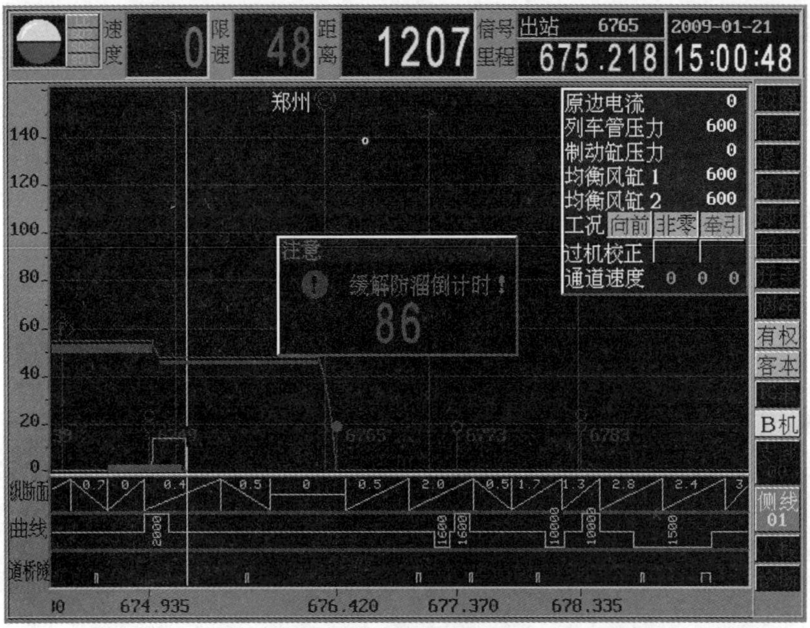

图 2.33 缓解不开车防溜控制启动后显示界面

二、手柄防溜控制

（1）在通常、降级、调车和 20 km/h 限速状态下，当机车手柄未发生变化而机车由停车状态动车，速度≥3 km/h 或走行距离≥10 m 时，装置启动手柄防溜控制功能，语音提示“注意手柄防溜”10 s 后实施紧急制动控制。手柄防溜启动后显示界面如图 2.34 所示。

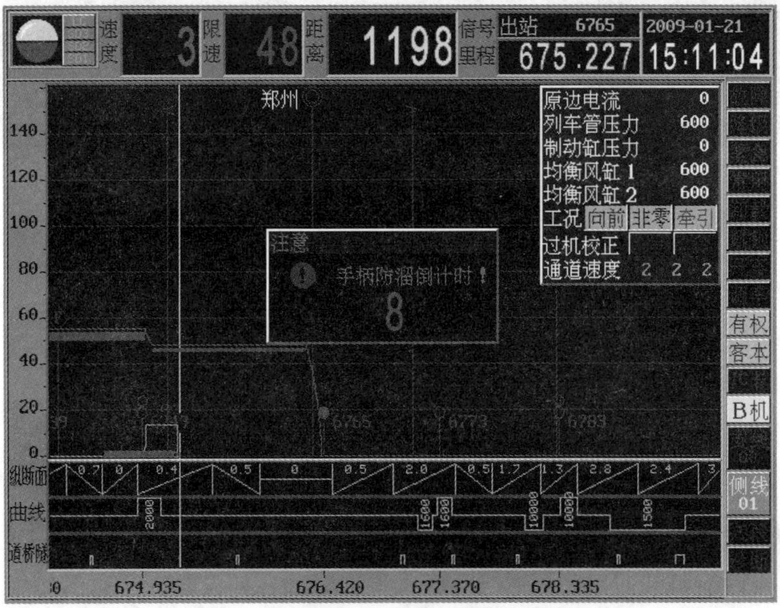

图 2.34 手柄防溜控制启动后显示界面

（2）装置启动手柄防溜控制，语音提示“注意手柄防溜”后，采用下列方法之一，可解除手柄防溜控制：

① “注意手柄防溜”语音提示后，立即提手柄，使机车加载；

② 语音提示时间内按压一次【警惕】键。

（3）装置防溜控制制动后，需按压一次【警惕】键方可缓解。

三、相位防溜控制

（1）在通常、降级、调车和 20 km/h 限速状态下，机车由停车状态动车，且机车移动方向与机车换向手柄的位置相反，速度≥3 km/h 或者移动距离≥10 m 时，装置启动相位防溜控制功能。连续语音提示“注意相位防溜”，当机车乘务员按【警惕】键应答，暂停语音提示，4 s 后继续语音提示“注意相位防溜”；当机车走行速度≥10 km/h 时，继续语音提示“注意相位防溜”。语音提示 10 s 后，若机车乘务员未按【警惕】键应答，装置实施紧急制动控制。相位防溜启动后的显示界面如图 2.35。

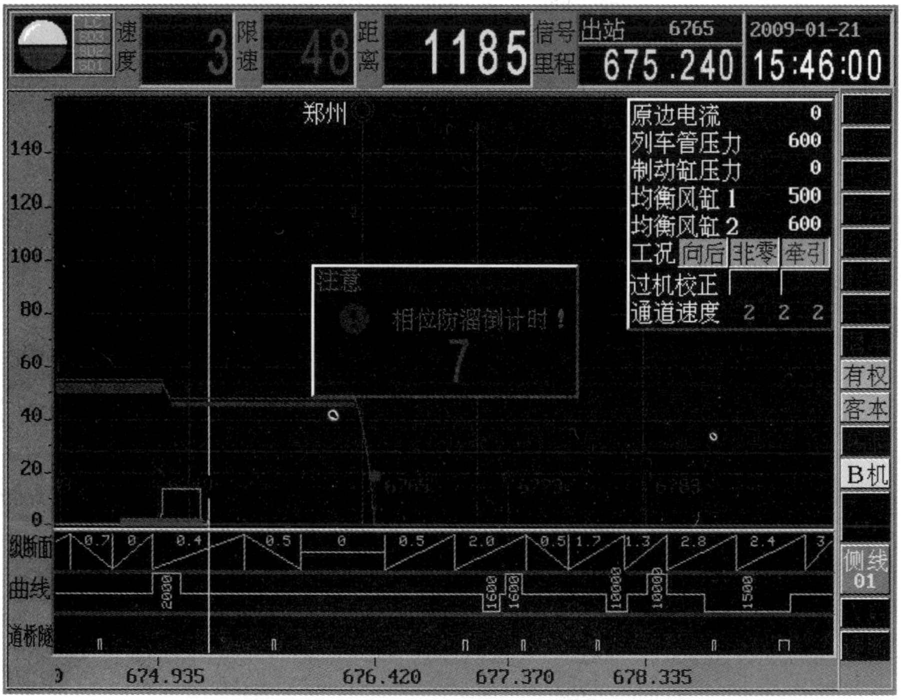

图 2.35　相位防溜控制启动后显示界面

（2）装置启动防倒溜控制，语音提示“注意相位防溜”后，采用下列方法之一，可解除防倒溜控制：

① “注意相位防溜”语音提示后，操纵机车使运行方向和机车换向手柄的方向一致；

② 速度≥10 km/h 时，在语音提示时间内按压一次【警惕】键。

（3）装置防溜控制制动后，需按压一次【警惕】键方可缓解。

任务六　进出站操作

【教学目标】

（1）了解进出站时【解锁】键使用的条件。
（2）会使用【解锁】键进行列车进出站操作。

【教学地点及设备】

1. 实习地点

列车监控装置应用实训室

2. 设　备

LKJ2000 模拟仿真训练系统

【教学内容】

一、进站操作

（1）列车在进站信号机前，机车信号为一个半黄半红闪光灯光时，装置监控列车以不超过 20 km/h 的速度越过该进站信号机。

（2）列车在进站信号机、接车进路信号机或四显示区段分割信号机前，机车信号为停车信号，列车速度低于 20 km/h 时，装置提供解除停车控制的条件，司机按压【解锁】键后，装置监控列车以不超过 20 km/h 的速度越过该信号机。

（3）装置线路数据文件中预先设置为“机外大坡道特殊车站”，列车在进站信号机前，机车信号为停车信号，允许列车速度低于 20 km/h，装置提供解除停车控制的条件，司机按压【解锁】键后，监控列车以不超过 20 km/h 的速度越过该进站信号机。

二、出站运行

由于车站采用叠加式发码设备，致使侧线接车和发车时轨道电码化不连续，列车越过进站或出站信号机后，机车信号收不到码，监控装置不能复示前方信号机显示，即使地面信号开放，装置也按信号关闭处理。另外，一些车站侧线股道无码，机车信号不能复示出站信号显示，监控装置按信号关闭处理。为维持列车正常运行，装置按以下方式设定：

（1）列车由股道无码车站侧线通过。列车进站前，机车信号显示双半黄色灯光（或交流计数区段的黄色灯光），进站后转白灯，对监控装置线路数据文件中已设置为固定无码的侧线股道，列车运行距出站信号机小于 400 m 时，司机确认出站信号机开放后，按压【解锁】+【确认】键，监控装置解除站内停车控制功能，监控列车以不超过道岔侧向规定速度越过出站信号机。

（2）在自动闭塞区段的出站（或发车进路）信号机前，机车信号为一个双半黄色灯光（或始发站机车信号为双半黄色闪光灯光），当列车运行距出站（或发车进路）信号机小于 400 m 时，监控装置语音提示“请确认信号”，司机确认地面信号机为绿灯或绿黄灯后，按压【↑】键 2 s，弹出“非正常行车确认”界面，选择“1.地面信号确认”，弹出“当前地面信号确认”界面，将光标移至“确定”位置，按压【确认】键。监控装置按出站道岔侧向规定速度监控列车运行，并自动解除列车出站后机车信号由双黄色灯光转白色灯光的停车控制功能。机车信号接收到次一信号机的显示时，按其显示要求监控列车运行。非正常行车确认如图 2.36 所示，出站信号机确认如图 2.37 所示，确认有效后如图 2.38 所示。

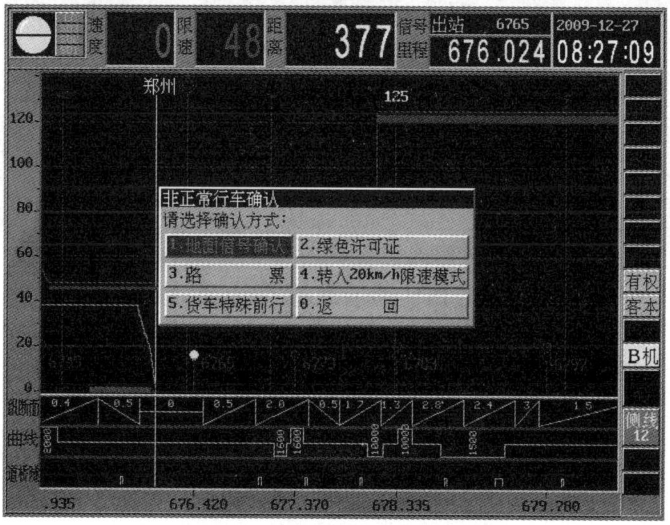

图 2.36　非正常行车确认界面

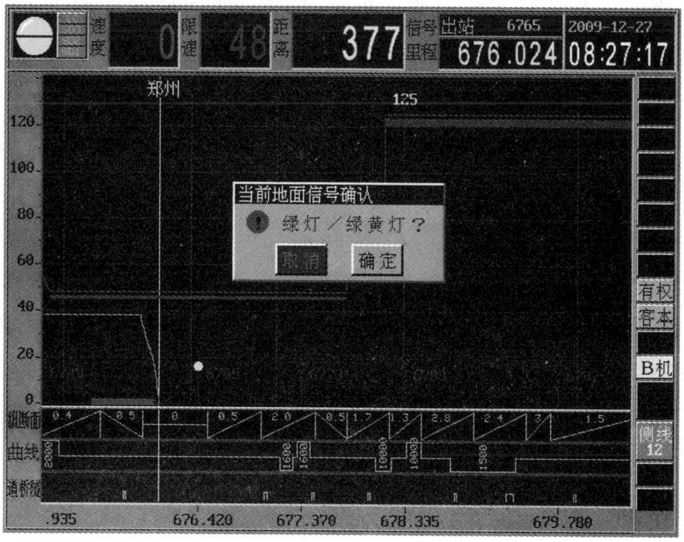

图 2.37　出站信号机确认界面

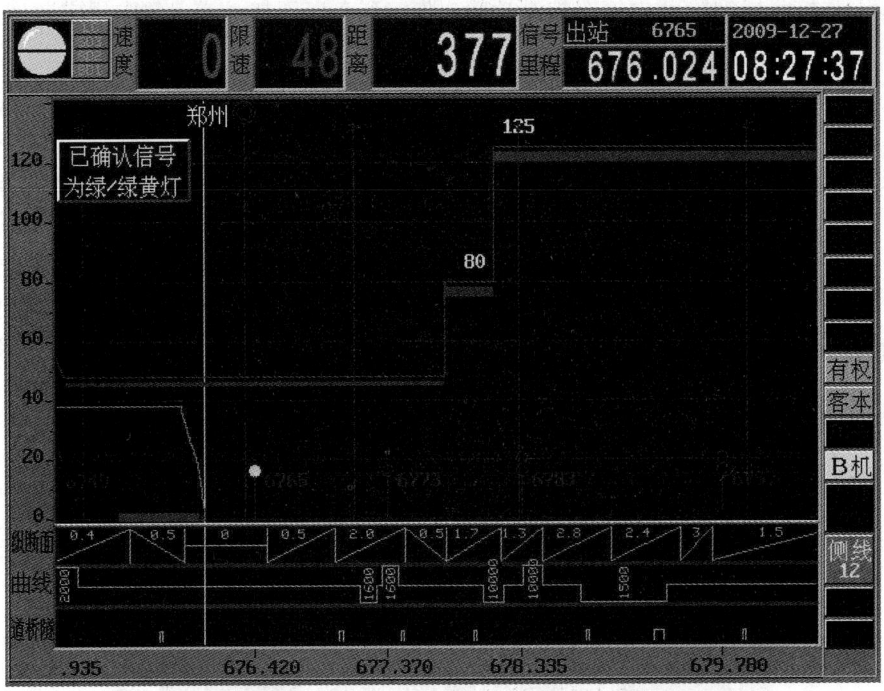

图 2.38　出站绿灯/绿黄灯确认有效界面

注：非始发站出站信号机前机车信号为双黄闪且为大于 1/12 道岔控制时，禁止进行绿灯确认。

（3）列车由车站无码股道发车。列车开车前，机车信号机显示白灯，司机确认出站信号机开放后，按压【解锁】+【确认】键，监控装置解除出站信号机前的停车控制功能，监控列车以不超过道岔侧向规定速度越过出站信号机。

（4）管理文件规定，当前信号机开放，必须以次一架信号机开放为条件，监控装置预先将此设定为“关联发码特殊信号机”后，自动解除该机车信号为一个黄色灯光（或一个双半黄色灯光）转一个白色灯光的停车控制。

（5）对于监控装置线路数据文件中设置为“侧进正出”的股道，如果出站信号机前机车信号为双黄灯，则按“车站信息”中的出站道岔限速和出岔距离控制侧线出岔。

（6）列车经 18 号及以上道岔侧向通过。进站信号机显示一个黄色闪光灯光和一个黄色灯光，机车信号机显示双黄闪灯光，监控装置监控列车以不超过该道岔侧向规定速度通过道岔，并按次一架信号机的显示监控列车运行。

（7）列车运行中，司机应确认地面信号为进行信号后，方可使用特定操作解除监控装置的控制。对上述第（2）、（4）条款，装置解除监控装置对次一架信号机显示的控制时，列车运行到该信号机前，应确认地面信号机的显示，发现显示禁止信号时，应立即采取停车措施，防止列车越过该信号机。

任务七　运行中的侧线及支线操作

【教学目标】

（1）会进行列车进入侧线的操作。

（2）会进行列车进入支线的操作。

【教学地点及设备】

1. 实习地点

列车监控装置应用实训室

2. 设　备

LKJ2000 模拟仿真训练系统

【教学内容】

运行中的侧线及支线操作

1. 侧线输入操作

由于车站股道长度和平面布局的影响，列车在站内停车，随走行经路的不同，走行距离差别较大。为保证列车在出站信号机前停车，同时要求列车一次停妥，监控装置在列车进站信号机前向司机提供输入侧线股道号的条件，若输入的股道号无效或不输入，则监控装置按该站停车的最短走行经路进行控制。另外，线路设有线路分支时，监控装置向司机提供输入列车走行线路的条件，列车进入支线运行前，须进行输入支线号的操作。

2. 侧线股道号输入操作

（1）列车进站停车，要求输入侧线股道号时，语音提示“输入侧线号”，显示屏“侧线”灯点亮，并弹出输入侧线号窗口，提供 15 s 的输入侧线股道号时间。输入侧线股道号如图 2.39 所示。

（2）根据车机联控车站值班员指明的站内停车或通过股道，输入股道号，并按压【确认】键。

（3）输入侧线号窗口消失后，可按压【进路号】键重新弹出输入侧线号窗口，输入侧线股道号并按压【确认】键，若输入数字错误，在未按压【确认】键前，使用【←】键删除数字，重新输入。

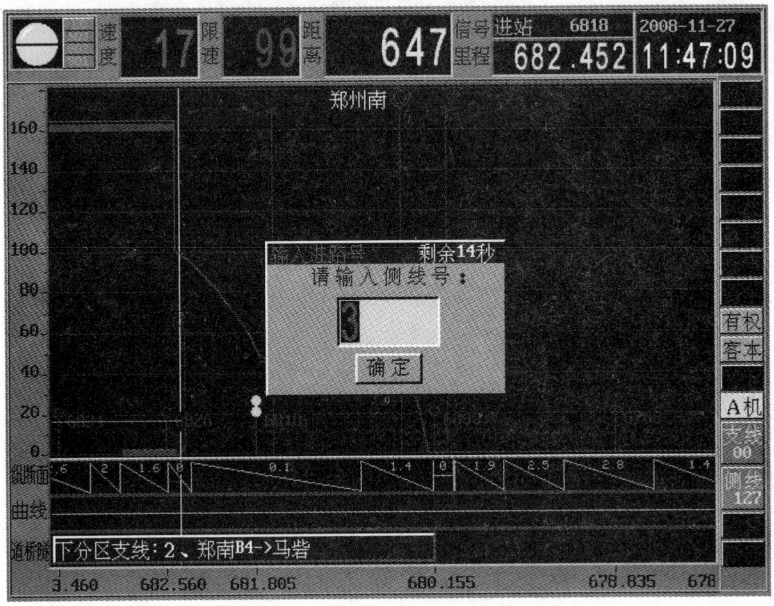

图 2.39 输入侧线股道号界面

（4）对于一站多场的车站连续两个场均需要输入侧线数据时，距前方信号机距离大于200 m时修改侧线号，仅对本场的股道号有效；距前方信号机距离小于200 m时修改侧线号，仅对下一场的股道号有效。

（5）在接车发车进路信号机（监控装置显示类型为进出站）前，监控装置设定完毕按【开车】键，可输入前方分区的侧线股道号。

（6）交流计数区段进站前，机车信号显示黄色灯光，应按规定输入侧线股道号，若输入正线股道，监控装置按列车进正线的速度控制。

（7）当不满足输入或修改侧线股道条件时，侧线提示灯显示为黑色底面黄色字体的股道信息。

3. 支线选择操作

（1）需要输入支线时，语音提示“输入支线号”，显示屏“支线”灯点亮，显示屏弹出“请输入支线号”输入窗口，提供15 s的输入支线号时间。输入支线号的显示如图2.40所示。

（2）根据列车走行经路，在窗口中输入支线号，并按压【确认】键。

（3）输入支线号窗口消失后，可按压【进路号】键重新弹出输入支线号窗口。

（4）若输入数字错误，在未按压【确认】键前，使用【←】键删除数字，重新输入。

（5）支线、侧线同时存在时的操作：

在同一分区，要求支线、侧线号分别输入时，语音提示“输入支线号”或“输入侧线号”，显示屏“侧线”和“支线”指示灯同时点亮，弹出“输入侧线号”和“输入支线号”窗口，侧线输入在上，支线输入在下，提供15 s的输入时间。输入支线、股道号的显示如图2.41所示。

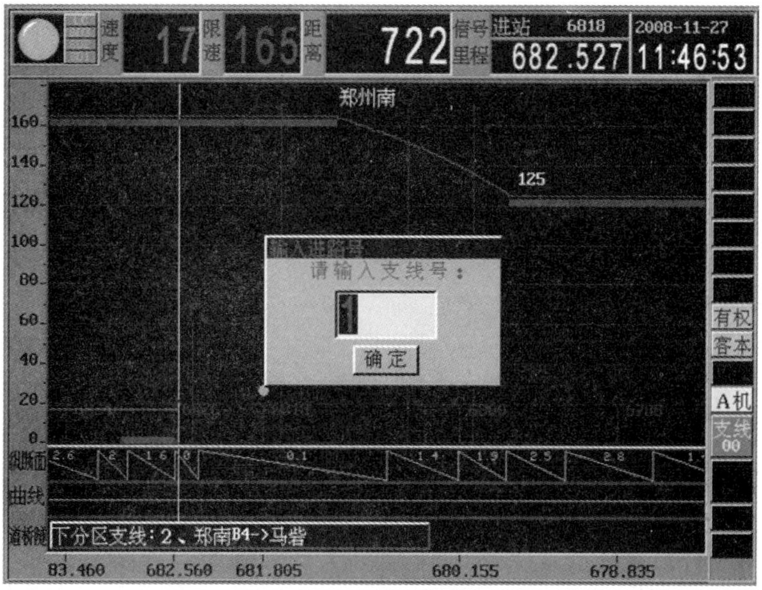

图 2.40　输入支线号界面

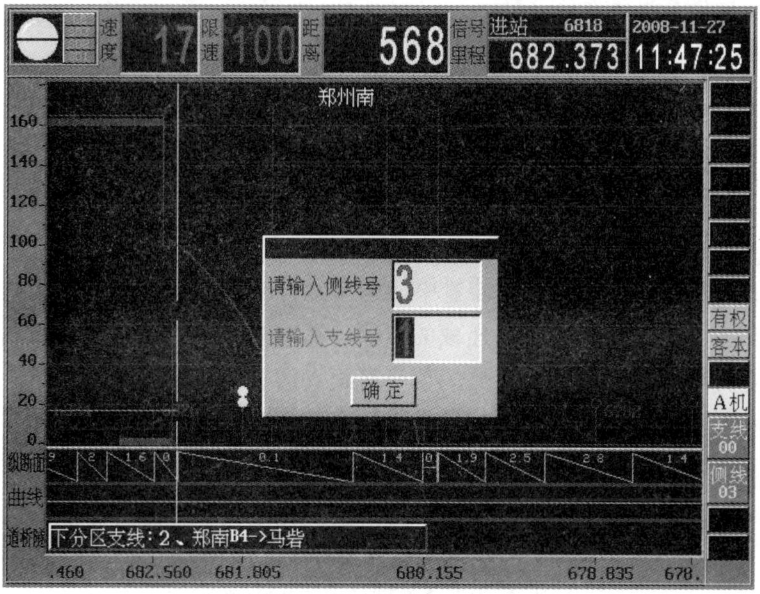

图 2.41　输入支线、股道号界面

（6）输入侧线股道号或选择支线时应注意：

① 支线号可以提前一个分区输入，但装置不自动弹出输入窗口，应手动调出支线输入提示窗口；

② 分区内一旦手动输入过支线号，即使本分区存在自动转移的支线，也不再进行自动转移。

任务八　运行中的距离误差修正

【教学目标】

（1）了解距离误差的种类。
（2）距离误差修正的操作方法。

【教学地点及设备】

1. 实习地点

列车监控装置应用实训室

2. 设　备

LKJ2000 模拟仿真训练系统

【教学内容】

运行中的距离误差修正

信号机间的距离数据存储在监控装置中，列车运行时，监控装置依次调用存储的信号机距离数据与列车实际位置相比较，以递减的方式计算列车距前方信号机的距离。由于各种原因，列车实际走行距离与监控装置存储的信号机距离会有误差，列车通过信号机时，监控装置瞬间计算的两距离误差称过机误差。过机误差对监控装置准确控制列车的安全运行危害很大，应及时进行修正。

按列车实际走行距离与监控装置存储距离的比较，过机误差分为“滞后误差”和“超前误差”：

（1）滞后误差：列车通过信号机时，监控装置计算列车距前方信号机仍有余量，过信号机一段距离后才递减到“0”。这种递减显示到“0”的时机出现在信号机实际位置之后的误差称为过机滞后误差。

（2）超前误差：机车实际位置距信号机还有一段距离，但监控装置计算距前方信号机距离已为“0”。这种递减显示到“0”的时机出现在信号机实际位置之前的误差称为过机超前误差。

在自动闭塞区段，当监控装置计算列车距前方信号机距离≤50 m 时，机车信号由黄灯变为红黄灯、白灯，或由双黄灯变为红黄灯、白灯时，监控装置自动解除对当前信号机的停车控制功能，并将计算的剩余距离消除，按次一架信号机的距离作为监控列车运行的条件。

无论在自动闭塞还是半自动闭塞区间，当过机误差值较大时，须采用人工校正的方法解决。

（1）出现滞后误差时，机车接近信号机时按一次【车位】键，在通过信号机的瞬间再按一次【向前】键，装置清除剩余距离，调出前方分区距离。

（2）出现超前误差时，机车接近信号机时按一次【车位】键，在通过信号机的瞬间再按一次【向后】键，装置将重新调用当前分区的距离。

（3）当超前误差或滞后误差距离小于 300 m 时，在机车通过信号机的瞬间，按压【自动校正】键，不论是滞后还是超前误差，装置进行自动校正。

进行人工校正过机误差时，两次按键间隔时间不得超过 5 s。最大调整距离为 300 m。停车信号前、站内侧线停车、显示屏出现临时限速窗口等情况时，人工校正无效。

任务九　列车抱闸运行控制、巡检、定标、防止机车动轮弛缓

【教学目标】

（1）会进行列车抱闸运行控制。

（2）掌握运行途中巡检、定标操作。

【教学地点及设备】

1. 实习地点

列车监控装置应用实训室

2. 设　备

LKJ2000 模拟仿真训练系统

【教学内容】

一、列车抱闸运行控制

功能：监控状态下，列车运行过程中，列车管压力下降小于 40 kPa（未减压），且机车闸缸压力超过 50 kPa（机车上闸），若持续时间超过 2 min 则装置语音提示“抱闸”，连续提示

3 min 实施制动控制；在报警过程中闸缸压力下降或按【警惕】键，则中止本次控制。

处理方法：运行途中若监控装置语音提示“抱闸”，则必须立即检查闸缸压力是否正常。若闸缸压力正常，则按【警惕】键中止报警。

二、运行途中的巡检

运行途中，学习司机或值乘司机执行动力室巡检时，在操纵端按压【巡检】键 1 次，巡检到非操纵端后，在非操纵端按压【巡检】键 1 次，待返回操纵端后，再按压 1 次【巡检】键，完成巡检操作。

巡检操作必须在出站信号机之后，进站信号机之前完成。当按压【巡检】键有效时，【巡检】指示灯点亮，4 s 后自动熄灭。

三、定标操作

在机车运行中按压【定标】键，装置记录此刻的千米标及时间，作为运行数据处理时查找的标记。

操作方法：机车运行中，在需要打点的地点，一次按压【定标】键。

四、防止机车动轮弛缓

列车运行中，监控装置在正常监控状态，列车管未实施减压，机车制动缸压力达到 50 kPa，且持续时间超过 2 分钟时，监控装置语音提示“注意弛缓”。

监控装置语音提示“注意弛缓”时，司机应立即检查制动缸压力是否正常，消除制动缸压力，监控装置语音提示停止，若制动缸压力正常，按压【警惕】键停止监控装置的语音提示。

五、重联机车及列车后部补机

机车担当补机任务，应将“本补切换装置”置于补机位，装置保留记录功能，取消对列车的控制功能。未安装“本补切换装置”的机车，应关闭补机和非操纵端的监控装置。重联机车及列车后部补机转为本务牵引时，应将“本补切换装置”置于本务位，恢复监控装置的正常监控功能。补机运行时的显示界面如图 2.42 所示。

操作“本补切换装置”，须在机车停车时进行。

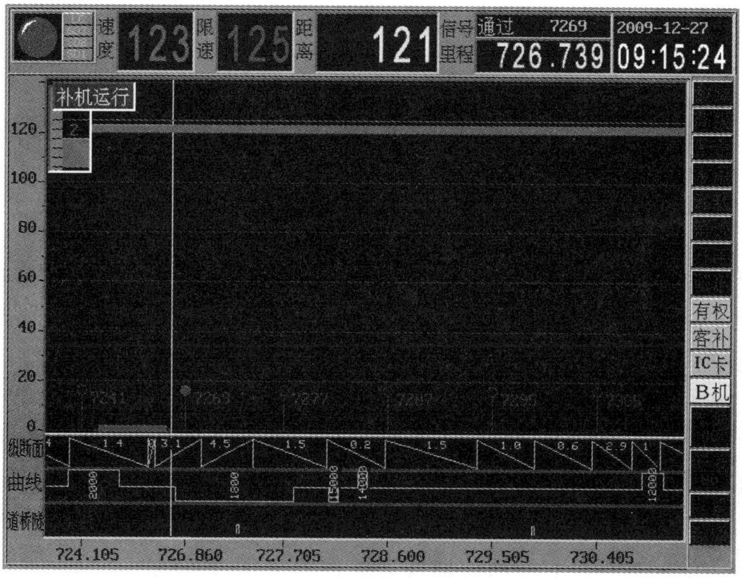

图 2.42　补机运行的显示界面

任务十　信号突变

【教学目标】

（1）掌握信号突变的内容。
（2）掌握发生信号突变时的操作。

【教学地点及设备】

1. 实习地点

列车监控装置应用实训室

2. 设　备

LKJ2000 模拟仿真训练系统

【教学内容】

信号突变

（1）机车信号由绿灯、绿黄灯、黄 2 灯、黄 2 闪灯、双黄闪灯突变为白灯时，允许列车按规定的速度越过对应的地面信号机。列车通过对应的地面信号机后，机车信号仍显示白灯，按地面信号显示的停车信号监控列车运行。

（2）采用速度分级控制时，当监控装置计算列车距前方信号机距离<600 m 时，机车信号由绿灯、绿黄灯、黄 2 灯、黄 2 闪灯突变为黄灯（不含双黄灯），监控装置以机车前方 1 000 m 处为虚拟的黄灯作为速度控制目标点。

（3）在自动闭塞区段，当监控装置计算列车距前方信号机距离<50 m 时，机车信号由黄灯变为红黄灯、白灯或由双黄灯变为红黄灯、白灯时，监控装置自动消除本架信号机剩余距离，调用次一架信号机的距离，按次一架信号机的显示要求监控列车运行；在半自动闭塞区段，当监控装置计算列车距前方信号机距离<100 m 时，机车信号由黄灯变为红黄灯、白灯或由双黄灯变为红黄灯、白灯，监控装置持续发出“信号突变”语音提示，司机按压【警惕】键后语音提示停止，并解除监控装置对当前信号机的停车控制功能，按次一架信号机的显示要求监控列车运行。

（4）无论自动闭塞还是半自动闭塞区段的进、出站信号机，机车信号由绿灯/绿黄灯突变为红黄灯时，不参考距离条件，监控装置立即启动紧急制动控制。

（5）机车信号为灭灯、多灯时，按停车信号控制。

（6）机车信号为一个红色灯光时，监控装置按停车信号控制。

任务十一　警惕功能

【教学目标】

（1）掌握进站确认功能。

（2）掌握周期警惕功能。

【教学地点及设备】

1. 实习地点

列车监控装置应用实训室

2. 设　备

LKJ2000 模拟仿真训练系统

【教学内容】

在通常监控状态，LKJ 具备司机警惕功能，警惕包括两个子功能：一个是进站确认功能；另一个是周期警惕功能。

一、进站确认功能

（1）列车运行前方信号机 LKJ 显示器显示为进站信号机、进出站信号机，且次一架信号机 LKJ 显示器显示为出站或进出站信号机时，LKJ 语音提示“请确认信号”2 遍；司机听到提示后应在进站前按压司机操纵端警惕按钮进行应答。

（2）列车越过信号机前，司机未按压操纵端警惕按钮，则列车越过信号机后，LKJ 显示屏弹出倒计时提示窗口（见图 2.43），并从 20 s 开始倒计时，倒计时到 10 s 时伴以“呜呜”报警声，倒计时到 0 时实施卸载和常用制动控制，减压 80 kPa（不具备 LKJ 控制常用制动的机车，实施卸载和紧急制动控制），LKJ 卸载和制动控制指令发出后，须停车后按压【警惕】按钮方能解除。报警声持续至 LKJ 制动指令解除后才停止。

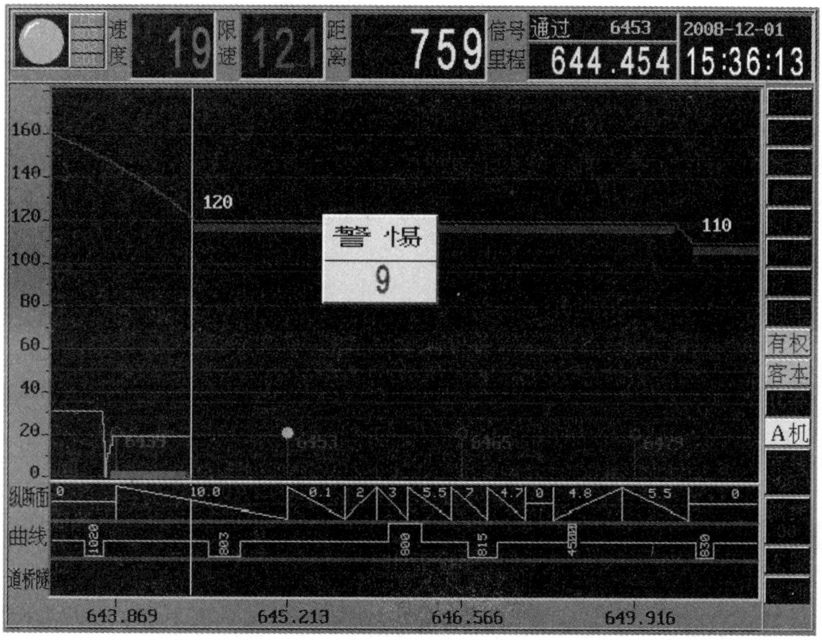

图 2.43　警惕功能倒计时窗口

在倒计时过程中，检测到下列信息之一时终止本次进站确认控制过程：

① 按压司机操纵端警惕按钮；

② 列车管减压 50 kPa 及以上（以按开车键时的列车管压力为基准，下同）；

③ 闸缸压力≥50 kPa；

④ 机车手柄的卸载位和加载位相互发生变化（即由卸载变为加载，或由加载变为卸载）。

二、周期警惕功能

在通常状态下，列车速度>5 km/h 后，LKJ 启动周期警惕功能，如果启动功能后，在 120 s 内，未发生如下任一变化：

① 列车管减压 50 kPa 及以上；

② 闸缸压力≥50 kPa；

③ 机车手柄的卸载位和加载位相互发生变化（即由卸载变为加载或由加载变为卸载）；

④ 列车速度<3 km/h。

则 120 s 后，显示屏弹出提示窗口，并从 20 s 开始倒计时，倒计时到 10 s 时伴以“呜呜”报警声，如果在倒计时 20 s 内未按压“司机操纵端警惕”按钮进行应答，倒计时到 0 时实施卸载和常用制动控制，减压 80 kPa（不具备 LKJ 控制常用制动的机车，实施卸载和紧急制动控制），LKJ 卸载和制动控制指令发出后，须停车后按压警惕按钮方能解除。报警声持续至 LKJ 制动指令解除后才停止。

如果在 120 s 内发生了如下任一变化：

① 列车管减压 50 kPa 及以上；

② 闸缸压力≥50 kPa；

③ 机车手柄的卸载位和加载位相互发生变化（即由卸载变为加载，或由加载变为卸载）；

④ 列车速度< 3 km/h。

则 120 s 计时重新开始，启动下一个周期警惕过程。

如果周期警惕功能启动 20 s 倒计时过程中，发生了如下任一变化：

① 按压司机操纵端“警惕”按钮开关；

② 列车管减压 50 kPa 及以上；

③ 闸缸压力≥50 kPa；

④ 机车手柄的卸载位和加载位相互发生变化（即由卸载变为加载，或由加载变为卸载）。

则清除提示窗口，120 s 计时重新开始，启动下一个周期警惕过程。

三、警惕按钮的出段检查

按压【出/入库】键，LKJ 进入出入段工作状态且机车速度为 0 时，持续按压操纵端警惕按钮时间超过 3 s，开始启动警惕报警声提示。松开警惕按钮时，警惕报警声提示结束。另一端按同样的方法进行检查。

注意事项：

（1）进站信号机前未进行进站信号确认时，在启动“周期警惕提示过程”的同时弹出“警惕”提示窗口，按压一次“警惕”按钮同时解除“周期警惕提示过程”和本次进站信号确认过程。

（2）在周期警惕计时达到 100 s 时，进行进站信号确认，确认后 20 s 仍启动“周期警惕提示过程”并弹出警惕提示窗口，须再次确认。

（3）当进站信号确认和周期警惕均满足警惕启动条件时，倒计时按照先启动的进行计算，进站前未进行进站信号确认的，在越过进站信号机前启动“周期警惕提示过程”，越过进站信号机后倒计时仍按照周期警惕倒计时进行控制。

（4）如遇运行中警惕按钮故障时，可使用 LKJ 显示器的【定标】键临时替代警惕按钮。

（5）一旦发出制动控制指令，必须在列车停车后才能解除（若发出常用制动控制指令，还必须按【缓解】键）。

四、防洪地点提示

车载基础数据中设置防洪地点数据后，机车接近防洪危险地点 1 000 m 处，屏幕显示防洪地点标志，语音提示“注意运行”两遍。

IC 卡数据载入防洪危险地点数据后，机车接近防洪危险地点（客车提前 3 000 m，货车提前 2 000 m）及起点处语音提示“注意运行”两遍。防洪地点前 500 m 屏幕显示“防汛地段”

任务十二 调车作业

【教学目标】

（1）掌握普通调车和平面调车内容。
（2）掌握调车作业。

【教学地点及设备】

1. 实习地点

列车监控装置应用实训室

2. 设 备

LKJ2000 模拟仿真训练系统

【教学内容】

调车作业分为普通调车和平面调车两种。平面调车是监控装置和平面调车装置相连接的配合使用，普通调车是指监控装置单独使用的调车状态。平面调车和普通调车的控制方式有差别，特别是语音提示、解除机车牵引力、常用制动、紧急制动的时机不同。 监控装置无论工作在普通调车状态还是平面调车状态，均不再按机车信号信息监控机车运行。

一、普通调车

（1）进入调车状态：在机车停车状态下，按压【调车】键，监控装置进入调车状态。

（2）监控装置在调车状态下，机车实际运行速度≥38 km/h 时语音提示，运行速度≥39 km/h 时解除机车牵引力，运行速度≥41 km/h 时实施常用制动控制，运行速度≥44 km/h 时实施紧急制动控制。

（3）退出调车状态：监控装置在调车状态下，无论有无速度，按压【调车】键，即退出调车状态。

（4）中间站调车作业完成后于开车前应退出调车状态，若发现距离错误无法校正时，应重新进行参数设定，其中设定车站号时，应先输入本交路中的其他车站号，再修改为本车站号。

二、平面调车

（1）监控装置和平面调车装置配合使用时，监控装置按平面调车信号控制。平面调车信号分为控制类和非控制类：控制类信号延迟一定时间和距离后，控制出口限速；非控制类信号只记录不改变原限速。控制类信号又分三类：紧急停车信号、停车类信号、非停车类信号。

监控装置的控制方式为

① 紧急停车信号：收到紧急停车信号，机车速度不为“0”，监控装置立即发出紧急制动指令。

② 停车类信号：包括一般停车和故障停车信号，故障停车信号为平面调车信号中断，要求司机在一定时间内停车，否则监控装置发出停车指令。一般停车信号分为下面几种情况：

- 溜放停车信号：未收到十车、五车、三车信号，监控装置直接收到溜放信号，要求司机在一定时间内停车，否则监控装置发出停车指令。
- 十车、五车、三车停车信号：已收到十、五、三车信号，再收到停车信号，要求司机在一定时间内尽快停车，否则监控装置发出停车指令。
- 普通停车信号：未收到十车、五车、三车信号和溜放信号，直接收到停车信号，装置对停车时机要求不严格，司机应在一定时间内控制机车停车，否则，监控装置发出停车指令。

③ 非停车类信号：包括推进，起动，连接，溜放，十车、五车、三车信号，收到非停车类信号限速延迟一段距离或立即下降至目标值。

（2）距离、千米标的显示：机车停车时间大于监控装置设定值时，收到平面调车灯显信号，千米标和距离同时清 0，机车走行中显示累计公里标和距离。

（3）平面调车的速度控制：

① 空线牵引运行时，实际运行速度 = 40 km/h 时语音提示，实际运行速度≥41 km/h 时解除机车牵引力，实际运行速度≥43 km/h 时实施常用制动控制，实际运行速度≥45 km/h 时实施紧急制动控制。

② 空线推进运行时，实际运行速度 = 30 km/h 时语音提示，实际运行速度≥31 km/h 时解除机车牵引力，实际运行速度≥33 km/h 时实施常用制动控制，实际运行速度≥35 km/h 时实施紧急制动控制。

③ 十车、五车、三车距离信号的速度控制：

- 十车距离信号：车列走行 50 m 后，速度≥13 km/h 时语音提示；速度≥14 km/h 时，解除机车牵引力；速度≥15 km/h 时实施常用制动控制；速度≥18 km/h 时实施紧急制动控制。
- 五车距离信号：车列走行 20 m 后，速度≥8 km/h 时语音提示；速度≥9 km/h 时，解除机车牵引力；速度≥10 km/h 时实施常用制动控制；速度≥13 km/h 时实施紧急制动控制。

• 三车距离信号：车列走行 20 m 后，速度≥4 km/h 时语音提示；速度≥5 km/h 时，解除机车牵引力；速度≥6 km/h 时实施常用制动控制；速度≥9 km/h 时实施紧急制动控制。

（4）监控装置与平面调车灯显装置相连的操作：

① 按压【调车】键，使装置进入“调车”状态，然后再打开调车信号接口盒开关；

② 监控装置在平面调车控制模式状态，不显示机车信号，取消语音提示，监控装置按平面调车信号进行控制并记录。

（5）平面调车接口盒说明：

① 电源指示灯：灯亮表示调车盒处于工作状态；

② 调车指示灯：灯亮表示输出的是平面调车信号，灯灭表示输出的是机车信号；

③ 转换开关：关闭时监控装置采集机车信号，打开时监控装置采集平面调车信号。

三、尽头线的控制

具备点式控制功能的尽头线，分别安装了 3 套点式设备，第 1 处距土挡 350 m，第 2 处距土挡 50 m，第 3 处距土挡 46 ~ 48 m。尽头线路肩处设置 3 块指示牌，第 1 点式设备处指示牌标识限速 10 km/h，距离土挡 150 m 处的指示牌标识限速 5 km/h，第 2 点式设备处设置停车指示牌。尽头线点式设备布置如图 2.44 所示。

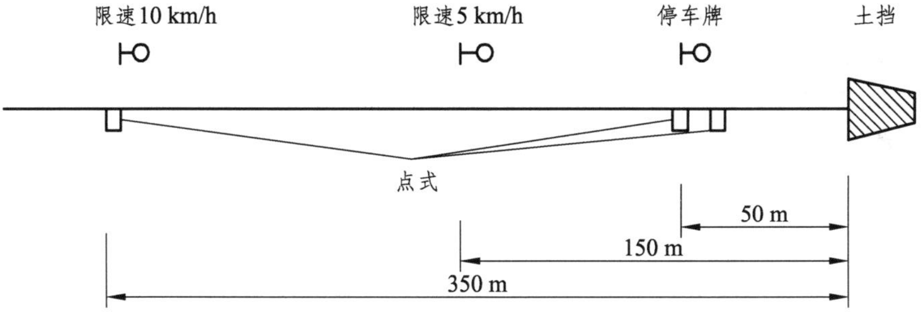

图 2.44　尽头线点式设备示意图

担当调车作业且已安装点式接收装置的机车在尽头线的控制方式为：

（1）机车通过第 1 处点式设备，速度≥3 km/h 时，监控装置仅语音提示，不控制放风制动。

（2）若机车速度≥10 km/h，监控装置语音提示 7 s 后实施紧急制动。如果在语音提示过程中 7 s 内按压【解锁】键，则停止语音提示，并解除监控装置对机车的停车控制。

（3）当机车通过第 1 处点式设备走行 200 m，则限速降至 5 km/h，若机车速度≥5 km/h，装置立即控制放风。如果机车速度小于 5 km/h，仅语音提示不控制放风，直至停车。

（4）若在非尽头线接收到干扰信号，出现点式设备限速时，应立即按压【解锁】键解除语音提示，防止监控装置控制放风。

（5）机车在任何速度下，顺序接收到第 2、第 3 点式设备的脉冲信息时，立即实施紧急制动。

（6）如果机车牵引的车辆较长，需要通过地面第 3 处点式设备时，须在该点式设备前停车，再以低于 2 km/h 的速度运行，乘务员应严格掌握机车距土挡距离，防止撞土挡。

复习思考题

1. LKJ2000 型监控装置如何进行开车操作？

2. 对于侧向道岔和临时施工慢行、半径为 400 m 及以下的线路曲线引起的列车限速，LKJ2000 型监控装置有什么规定？

3. 列车在减速模式区运行，装置语音提示、解除牵引力和实施制动的控制时机设置是什么？

4. 列车运行中，当发生哪些情况之一时，装置处于降级控制状态？

5. 装置未发出卸载、常用、紧急制动指令且不处于防溜报警和警惕报警状态，并满足哪些条件之一时，方可人为由正常监控状态转为降级状态？

6. 满足什么条件之一时，装置启动管压防溜控制？

7. 装置启动管压防溜控制，语音提示“注意管压防溜”后，采用哪些方法之一，可解除管压防溜控制？

8. 什么情况下，装置启动手柄防溜控制功能？

9. 装置启动手柄防溜控制，语音提示“注意手柄防溜”后，采用哪些方法之一，可解除手柄防溜控制？

10. 什么情况下，装置启动相位防溜控制功能？

11. 装置启动防倒溜控制，语音提示“注意相位防溜”后，采用哪些方法之一，可解除防倒溜控制？

12. 什么是过机误差？

13. 什么是滞后误差，什么是超前误差？

项目五 特殊情况下的操作

【项目描述】

通过几种特殊情况下的 LKJ2000 型监控装置的操作实训，增加学生处理特殊情况行车的能力，从而保证列车运行安全。

【教学目标】

1. 能力目标

（1）熟练掌握机车运行特殊情况的类型。
（2）熟练掌握机车运行过程中特殊情况下 LKJ2000 型监控装置的各项操作。

2. 知识目标

（1）掌握各特殊情况的概念。
（2）理解特殊情况操作的原因和目标。

3. 素质目标

（1）培养敬业爱岗、遵章守纪、乐于奉献的职业精神。
（2）牢记安全第一、以质量促安全的职业规范。

任务一 自动闭塞区间行车

【教学目标】

（1）会正确进行地面闭塞分区通过信号显示停车信号的行车处理。
（2）会进行装有容许信号的分区通过信号机显示停车信号时的行车处理。

【教学地点及设备】

1. 实习地点

列车监控装置应用实训室

2. 设　备

LKJ2000 模拟仿真训练系统

【教学内容】

自动闭塞区间行车

（1）地面闭塞分区通过信号机显示停车信号（含显示不明），且机车信号机显示半红半黄色灯光、一个白色灯光时，监控装置监控列车在该信号机前停车 2 min 后自动解除停车控制功能。列车起动后，监控装置监控列车以不超过 20 km/h 的速度越过该信号机并运行至次一架信号机。地面闭塞分区通过信号机显示正常时，应按地面信号机显示含义行车。

（2）在装有容许信号的通过信号机前，机车信号为半黄半红色闪光灯光或停车信号时，监控装置对货运列车自动解除停车控制功能，并监控列车以不超过 20 km/h 的速度越过该信号机并运行至次一架信号机。

任务二　改变基本闭塞法使用电话闭塞法行车

【教学目标】

（1）有计划改用电话闭塞时，路票的输入操作。
（2）临时改电话闭塞行车时，调度命令和路票的输入操作。

【教学地点及设备】

1. 实习地点

列车监控装置应用实训室

2. 设　备

LKJ2000 模拟仿真训练系统

【教学内容】

改变基本闭塞法使用电话闭塞法行车

1. 有计划改用电话闭塞

乘务员出乘时接到改用电话闭塞法的调度命令，并将改用电话闭塞法行车的调度命令写入 IC 卡，输入监控装置，称为有计划改用电话闭塞法行车。列车运行至改用电话闭塞法行车起始车站的出站信号机或发车进路信号机前，运行速度低于 60 km/h 时，监控装置显示屏自动弹出“路票输入”窗口，输入路票电话记录号后，将光标移至“确定”位置，按压【解锁】+【确认】键（凡两个及以上键的组合操作均须在 5 s 内完成，下同），监控装置解除对出站信号机或发车进路信号机和下一站间所有分区通过信号机的停车控制功能。列车运行至下一接车站进站信号机前，装置按其对应的机车信号显示要求监控列车运行。有计划路票输入窗口如图 2.45 所示，输入完成后如图 2.46 所示。

路票输入窗口显示 15 s，若 15 s 内未做任何操作，则窗口消失。窗口消失后，可手动持续按压【↑】键 2 s，进入非正常行车确认窗口，再重新进入路票输入窗口。

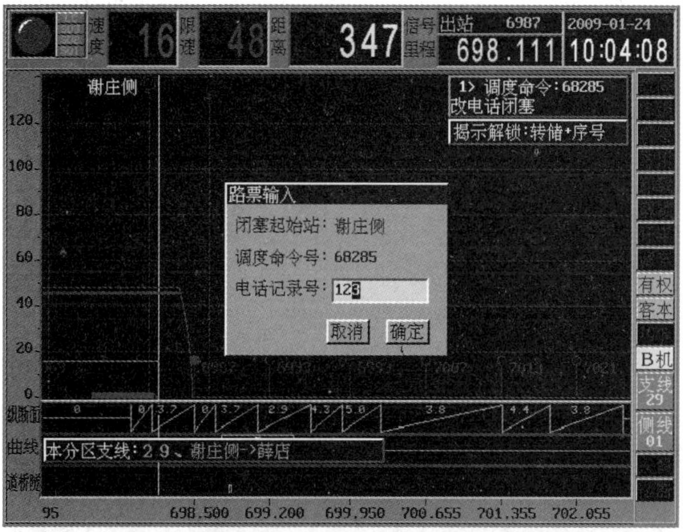

图 2.45　有计划路票输入界面

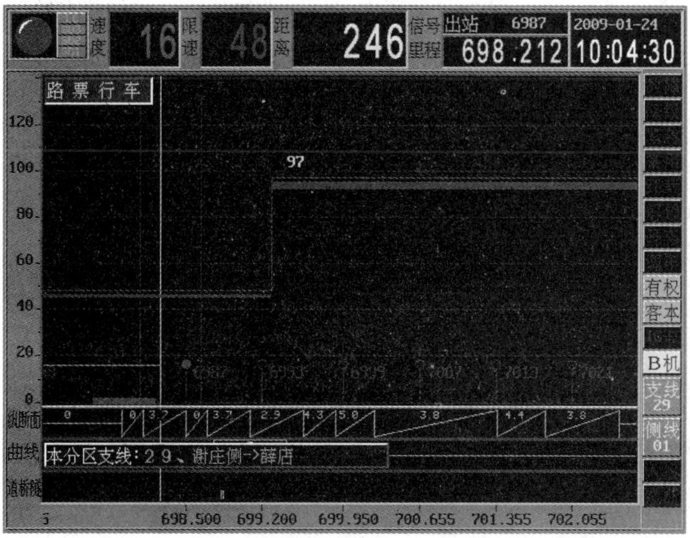

图 2.46　路票输入完成界面

2. 临时改用电话闭塞法行车

乘务员出乘时未接到改用电话闭塞法行车的调度命令，或监控装置中未存储改用电话闭塞法行车的记录，列车运行中接到停用基本闭塞法，改用电话闭塞法行车的调度命令，称为临时改用电话闭塞法行车。在临时改用电话闭塞法行车的起始车站出站信号机或发车进路信号机前停车后，司机持续按压【↑】键 2 s，监控装置显示屏弹出“非正常行车确认”窗口（见图 2.47），司机将光标移至“路票”位置，按压【确认】键后，显示屏弹出“路票输入”窗口（见图 2.48），输入调度命令和路票电话记录号，将光标移至“确定”位置，按压【解锁】+【确认】键，装置解除对出站信号机或发车进路信号机和下一站间所有分区通过信号机的停车控制功能。列车运行至下一接车站进站信号机前，监控装置按其对应的机车信号显示要求监控列车运行。

图 2.47 非正常行车确认界面

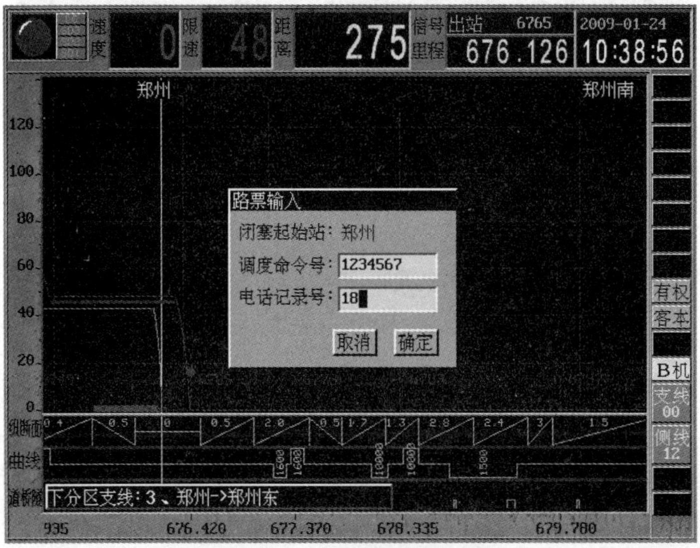

图 2.48 临时路票输入界面

列车在停用基本闭塞法改用电话闭塞法行车的区间，对客运列车，监控装置按该次列车在对应区间最高允许速度的 80%自动调整固定模式限速值监控列车运行，该区间限速值低于上述取值的按低值控制。对货运列车，按规定速度监控列车运行。

任务三 使用绿色许可证

【教学目标】

（1）会进行有计划使用绿色许可证的监控装置操作。

（2）会进行临时使用绿色许可证的监控装置操作。

【教学地点及设备】

1. 实习地点

列车监控装置应用实训室

2. 设 备

LKJ2000 模拟仿真训练系统

【教学内容】

使用绿色许可证

1. 有计划使用绿色许可证发车

乘务员出乘时接到使用绿色许可证发车的调度命令，并将使用绿色许可证发车的调度命令写入 IC 卡，输入监控装置，称为有计划改用绿色许可证发车。列车运行至使用绿色许可证发车的出站信号机或发车进路信号机前，速度低于 45 km/h 时，监控装置显示屏弹出“绿色许可证输入”窗口（见图 2.49），并显示调度命令号。司机输入绿色许可证编号后，按压【解锁】+【确认】键，监控装置解除对该出站信号机或发车进路信号机前的停车控制功能，监控列车以不超过 45 km/h 的速度通过出站道岔。绿色许可证发车输入完成界面如图 2.50 所示。

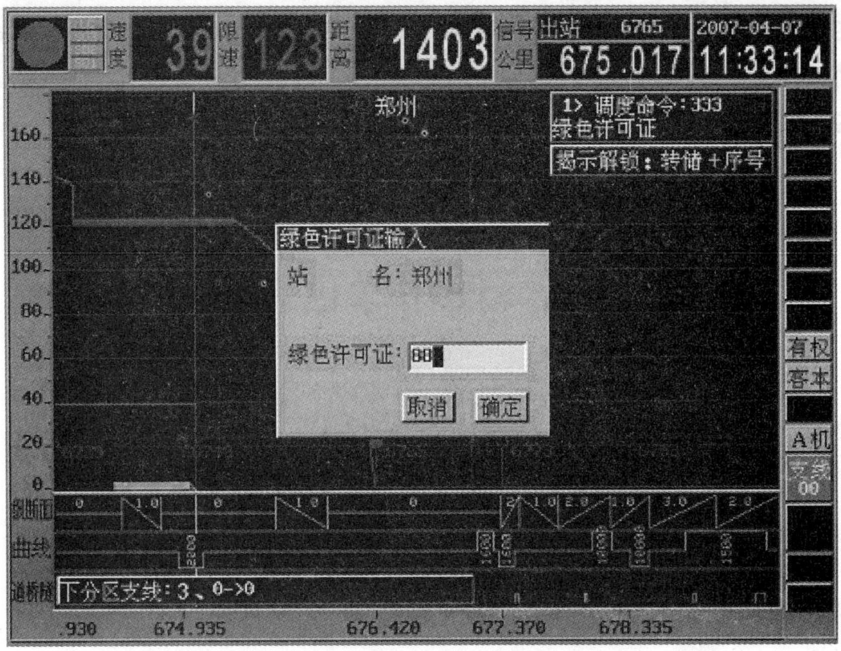

图 2.49 绿色许可证发车输入界面

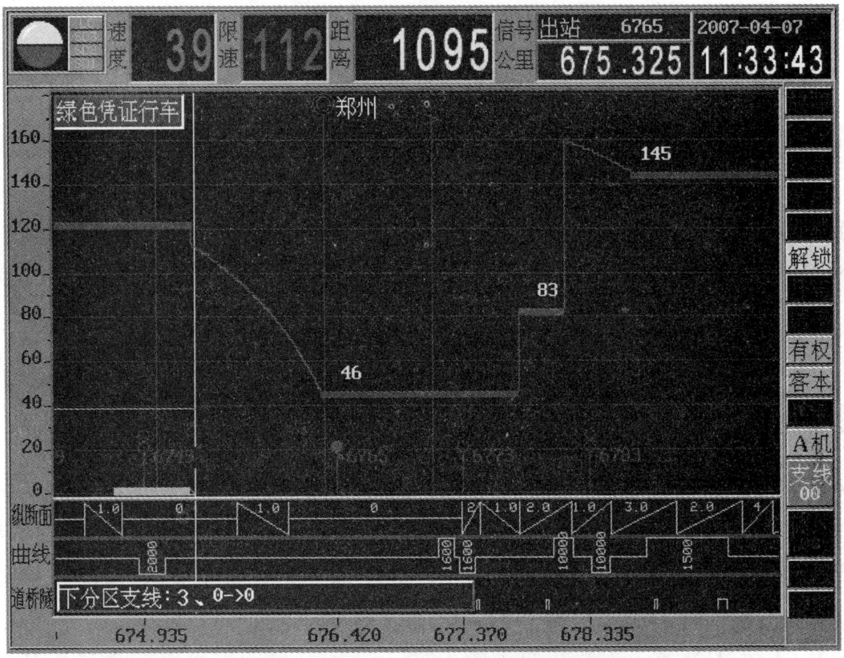

图 2.50 绿色许可证输入完成界面

2. 临时使用绿色许可证发车

乘务员出乘时未接到使用绿色许可证发车的调度命令，或监控装置中未存储使用绿色许可证发车的记录，列车运行中接到使用绿色许可证发车的调度命令或通知，称为临时使用绿色许可证发车。列车运行至临时使用绿色许可证发车的出站信号机或发车进路信号机前停车后，司机持续按压【↑】键 2 s，监控装置显示屏弹出“非正常行车确认”窗口。司机将光标移至“绿色许可证”位置，按压【确认】键，显示屏弹出“绿色许可证输入”窗口（见图 2.51），输入绿色许可证编号，按压【确认】键，显示屏右上角显示刚输入的绿色许可证编号（见图 2.52），按压【解锁】+【确认】键后，监控装置解除在该信号机前的停车控制功能，监控列车以不超过 45 km/h 的速度通过出站道岔。使用绿色许可证后行车界面如图 2.53 所示。

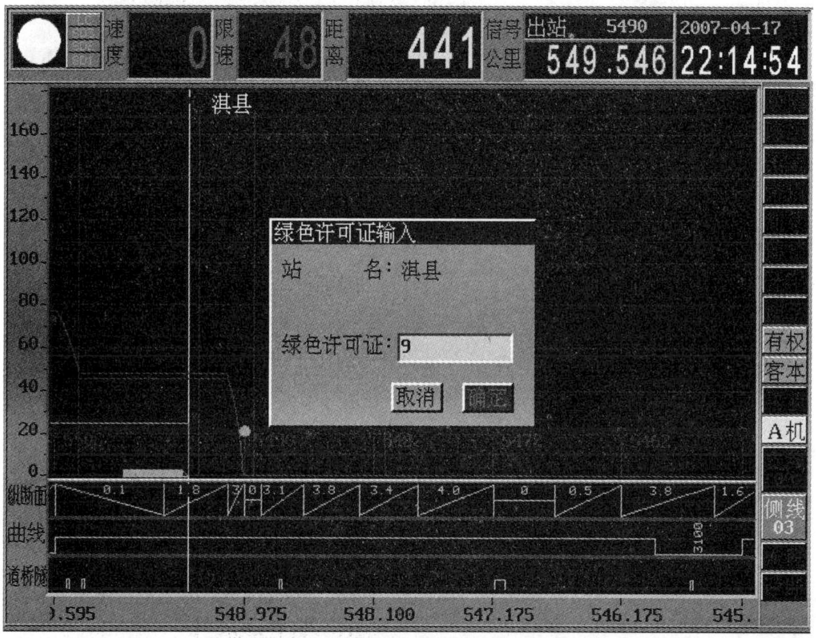

图 2.51　绿色许可证输入界面

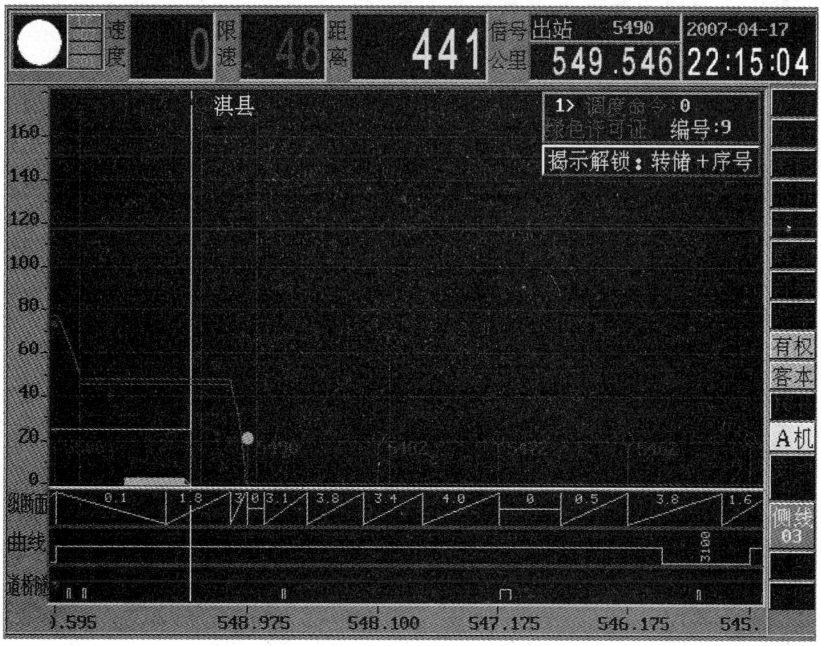

图 2.52　绿色许可证输入完成界面

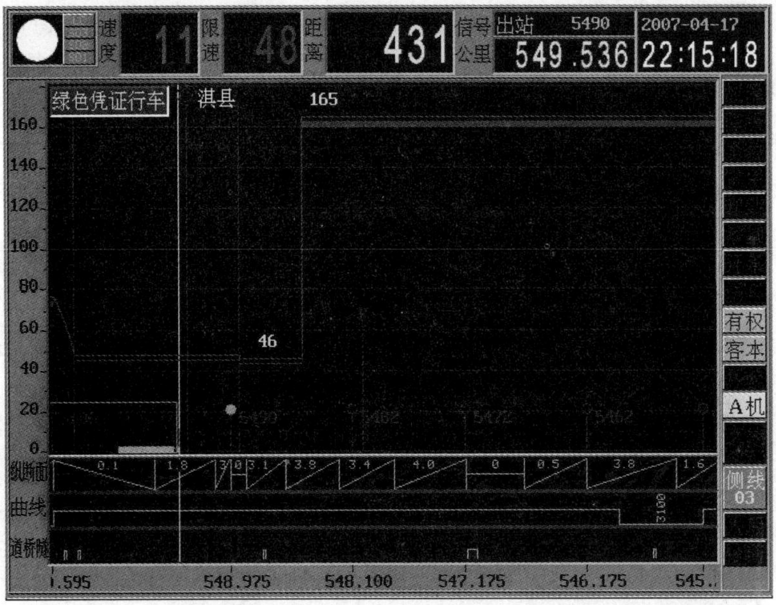

图 2.53 绿色许可证运行界面

任务四 特定引导接车、通过发码特殊信号机的操作

【教学目标】

（1）会进行手信号引导接车时监控装置的操作。
（2）会进行特定引导手信号接车时监控装置的操作。

【教学地点及设备】

1. 实习地点

列车监控装置应用实训室

2. 设 备

LKJ2000 模拟仿真训练系统

【教学内容】

一、特定引导接车

乘务员出乘时，接到采用特定引导接车的通知，须将使用特定引导接车的调度命令写入 IC 卡，输入监控装置。

列车运行至特定引导接车的进站信号机（接车进路信号机或四显示区段的分割信号机）前，速度低于 60 km/h，司机确认特定人工引导手信号显示正确后，按压【开车】+【解锁】键，监控装置解除对该信号机前的停车控制功能，并监控列车以不超过 60 km/h 的速度越过该信号机。

特定手信号引导接车确认界面如图 2.54 所示，特定手信号引导接车确认完成界面如图 2.55 所示。

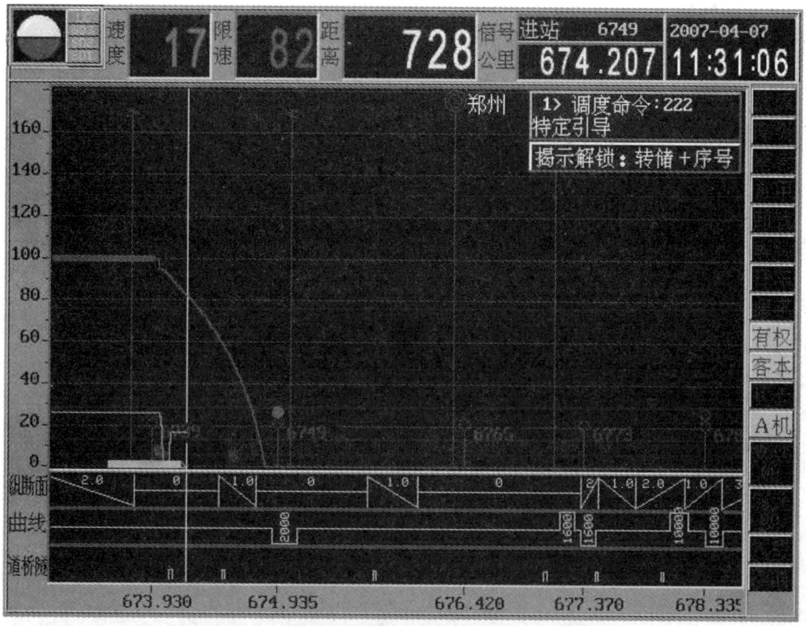

图 2.54 特定手信号引导接车确认界面

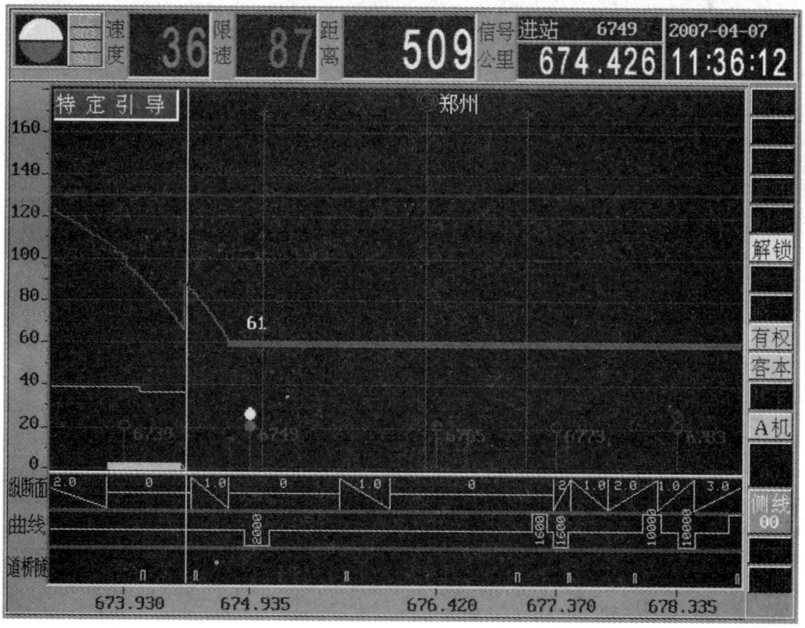

图 2.55 特定手信号引导接车确认完成界面

二、通过发码特殊信号机的操作

（1）对站内轨道电路无码，且监控装置地面线路数据文件中第一离去信号机已设置为“一离去发码特殊信号机”的，列车越过出站信号机后，运行速度低于 45 km/h，监控装置提供解除机车信号为一个白色灯光的停车控制条件，按压【解锁】键，监控列车以不超过固定模式限速值越过该第一离去信号机。

（2）列车在场间运行，监控装置地面线路数据文件中已将进路信号机或出站信号机预先设置为“场间无码特殊信号机”的，列车运行速度低于 45 km/h，监控装置提供解除机车信号为一个白色灯光的停车控制条件，按压【解锁】+【确认】键后，监控列车以不超过固定模式限速值越过该进路信号机或出站信号机。发码特殊信号机显示如图 2.56 所示。

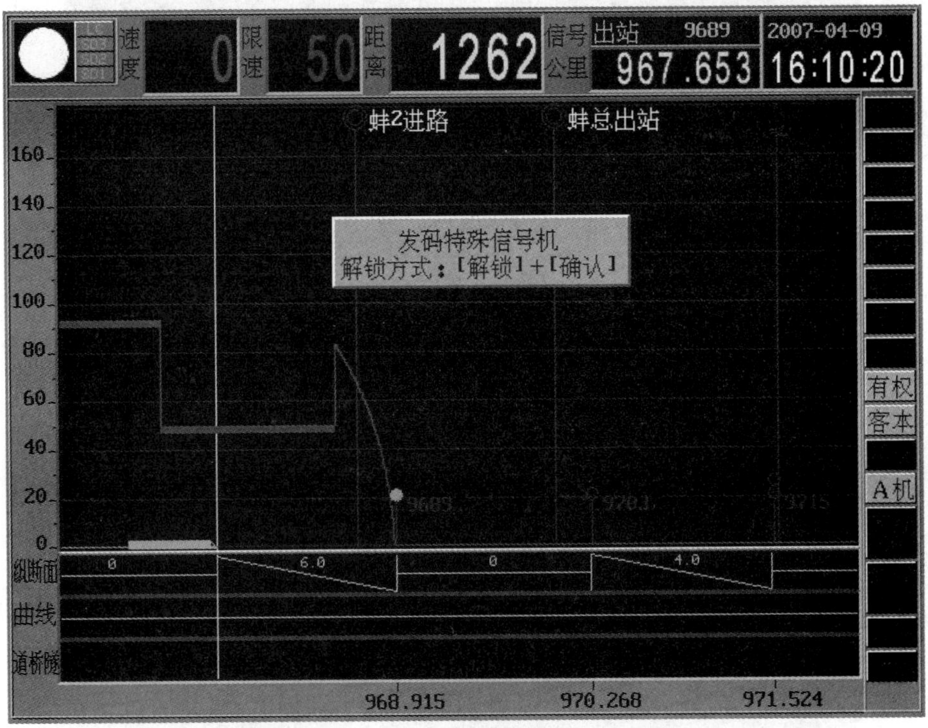

图 2.56　发码特殊信号机显示界面

任务五　特殊站靠标停车

【教学目标】

（1）会进行客、货列车在特殊车站停车的监控装置操作。

（2）能进行股道无码车站通过监控装置的操作。

（3）能进行股道无码车站发车时的监控装置的操作。

【教学地点及设备】

1. 实习地点

列车监控装置应用实训室

2. 设　备

LKJ2000 模拟仿真训练系统

【教学内容】

特殊站（机车停车标或停车位置距出站信号机小于 50 m）靠标停车，列车在站内停车控制仅采用紧急制动方式。

货运列车站内停车特殊前行的控制

货物列车站内停车后，列车头部需要越过控制曲线关闭点时，LKJ 提供特殊前行的操作条件，按规定操作后，控制列车越过控制曲线关闭点到达预定停车位置。

1. 特殊前行的使用条件

（1）LKJ 输入的列车种类必须是货车状态。

（2）列车必须处于停车状态。

（3）LKJ 显示的信号机必须为出站、进出站信号机（不含线路所）。

（4）列车所停车的股道 LKJ 基础线路数据中未设置为“货车靠标停车困难特殊站”。

（5）LKJ 显示的距离小于 70 m。

（6）机车信号显示为停车信号（单红灯或低频信息为“H”码除外）或机车显示进行信号但 LKJ 输入有该站有效的“停基改电”“绿色许可证”运行揭示，该揭示未进行人工办理操作时。

（7）LKJ 不处于“20 km/h 限速模式”。

2. 特殊前行的操作方法

（1）满足以上条件，持续按压 LKJ 显示器【↑】键 2 s，弹出非正常行车确认窗口，如图 2.57 所示。

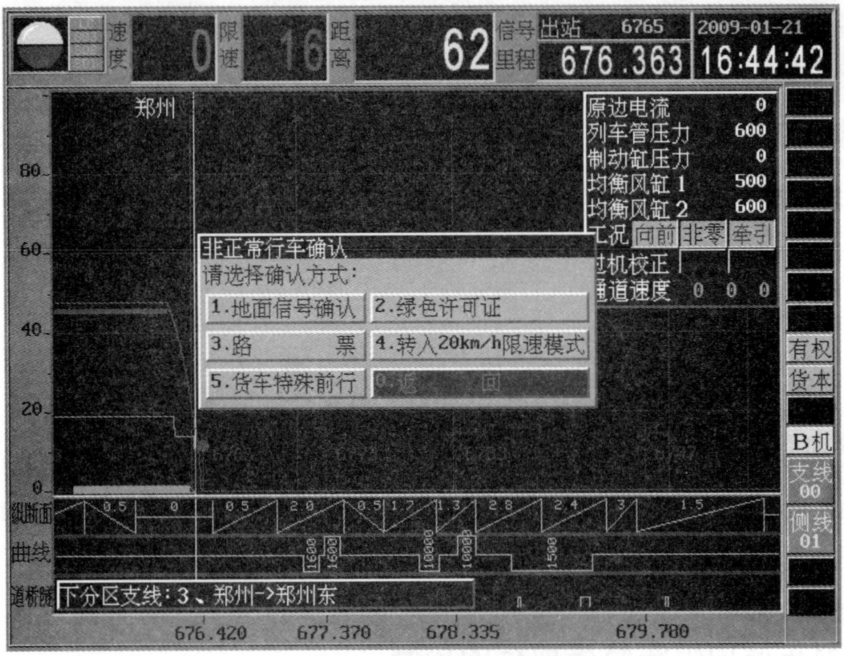

图 2.57 非正常行车确认窗口

（2）光标移至“5.货车特殊前行”，按【确认】键，进入特殊前行输入窗口，如图 2.58 所示。

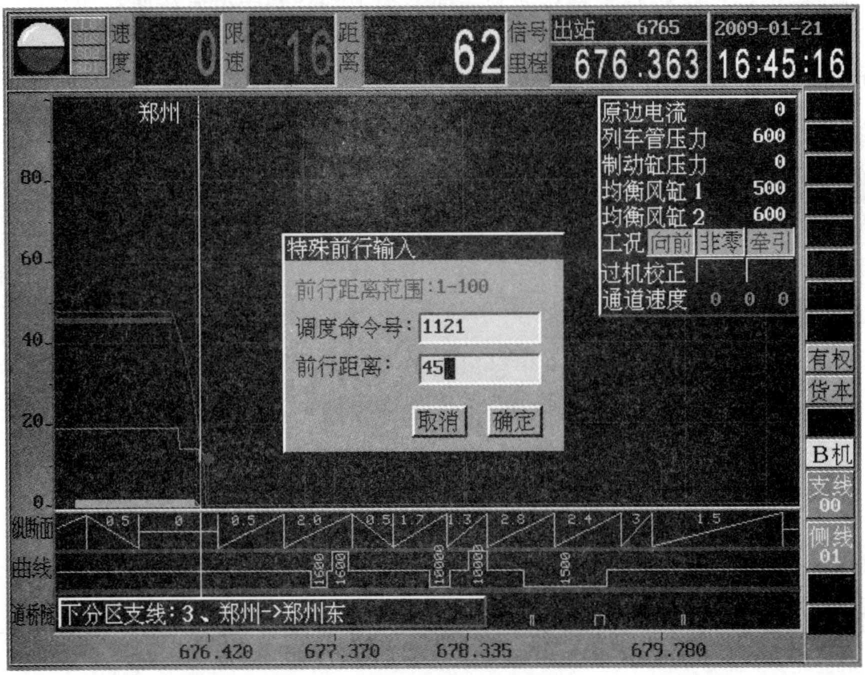

图 2.58 特殊前行输入窗口

（3）输入有效的调度命令号和允许前行的距离后（调度命令号输入 0～9999999 的非 0 数字，前行距离输入 1～100 的数值，超出此范围的值 LKJ 提示输入无效），按压【确认】键，进入特殊前行控制显示界面，限速为 16 km/h，模式曲线从停车点开始至允许前行距离处突降为 0，如图 2.59 所示。

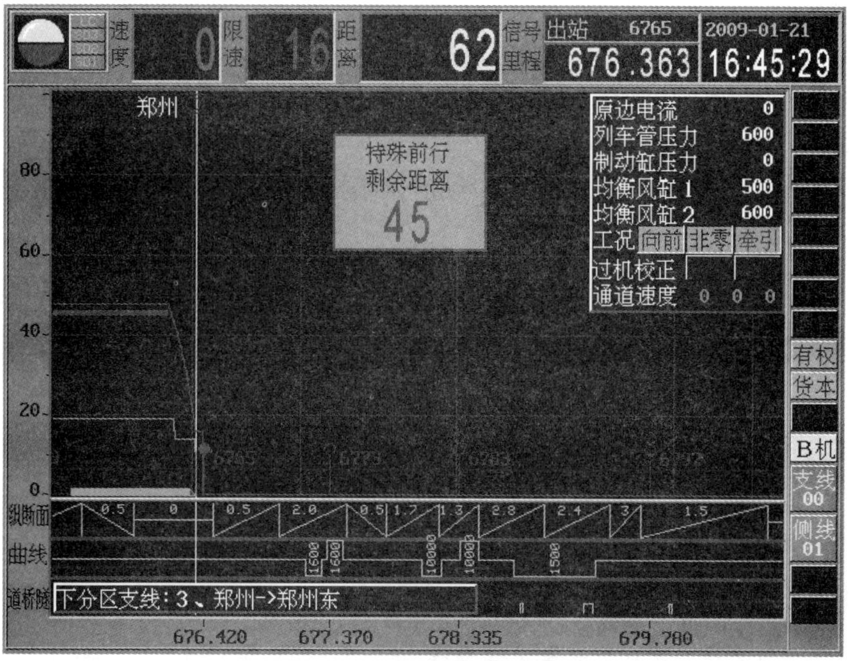

图 2.59　特殊前行控制显示界面

（4）操纵列车以低于 15 km/h 的速度，运行至规定的地点前停车。

（5）一次特殊前行过程不能满足停车的要求时，重复上述操作，启动新一次特殊前行控制。

3. 特殊前行控制的制动条件

（1）运行速度等于常用、紧急模式值时。

（2）特殊前行剩余距离为 0 时。

（3）特殊前行列车运行过程中机车信号由红黄灯变为单红灯时。

（4）进入特殊前行模式后，停车状态下机车信号变为单红灯，开车后列车走行距离≥10 m 时。

4. 特殊前行模式的退出

（1）进入特殊前行模式超过 5 min 未进行特殊前行过程时，自动退出特殊前行模式。

（2）在特殊前行过程中，机车信号转为进行信号时，自动退出特殊前行模式。

（3）进入特殊前行模式后按【调车】键进入调车状态，再由调车状态进入通常状态后，自动退出特殊前行模式。

（4）特殊前行模式下，重新设定司机输入参数，进入降级状态，自动退出特殊前行模式。

（5）在机车显示进行信号但 LKJ 输入有该站有效的“停基改电”“绿色许可证”运行揭示的情况下进入的特殊前行模式，该揭示进行人工解锁后，自动退出特殊前行模式。

5．预设“靠标停车困难特殊车的”的情况

在监控装置线路数据文件中已预先设置为“靠标停车困难特殊车站”的，列车在站内停车采用以下控制方式：

（1）客运列车运行速度低于 20 km/h 且距出站信号机距离小于 200 m 时，监控装置提供一次性解除停车控制条件，按压【解锁】键成功后，监控列车以不超过 20 km/h 的速度运行。

（2）货运列车运行速度低于 15 km/h 且距出站信号机距离小于 200 m 时，监控装置提供一次性解除停车控制条件，按压【解锁】键后，监控列车以不超过 15 km/h 的速度运行。

6．解锁成功

当按压【解锁】键成功后，监控装置已失去对出站信号机的停车监控功能，乘务员应严格控制列车运行速度，确保在出站信号机前停车。

任务六　出站运行

【教学目标】

掌握出站时地面信号确认监控装置的操作。

【教学地点及设备】

1．实习地点

列车监控装置应用实训室

2．设　备

LKJ2000 模拟仿真训练系统

【教学内容】

由于车站采用叠加式发码设备，致使侧线接车和发车时，轨道电码化不连续，列车越过进站或出站信号机后，机车信号收不到码，监控装置不能复示前方信号机显示，即使地面信号开放，装置也按信号关闭处理。另外，一些车站侧线股道无码，机车信号不能复示出站信号显示，监控装置按信号关闭处理。为维持列车正常运行，装置按以下方式设定：

（1）列车由股道无码车站侧线通过。列车进站前，机车信号显示双半黄色灯光（或交流计数区段的黄色灯光），进站后转白灯，对监控装置线路数据文件中已设置为固定无码的侧线股道，列车运行距出站信号机<400 m 时，司机确认出站信号机开放后，按压【解锁】+【确认】键，监控装置解除站内停车控制功能，监控列车以不超过道岔侧向规定速度越过出站信号机。

（2）在自动闭塞区段的出站（或发车进路）信号机前，机车信号为一个双半黄色灯光（或始发站机车信号为双半黄色闪光灯光），当列车运行距出站（或发车进路）信号机< 400 m 时，监控装置语音提示“请确认信号”。司机确认地面信号机为绿灯或绿黄灯后，按压【↑】键 2 s，弹出“非正常行车确认”界面，选择“1.地面信号确认”，弹出“当前地面信号确认”界面，将光标移至“确定”位置，按压【确认】键，监控装置按出站道岔侧向规定速度监控列车运行，并自动解除列车出站后机车信号由双黄色灯光转白色灯光的停车控制功能。机车接收到次一架信号机的显示时，按其显示要求监控列车运行。非正常行车确认如图 2.60 所示，出站信号机确认如图 2.61 所示，确认有效后如图 2.62 所示。

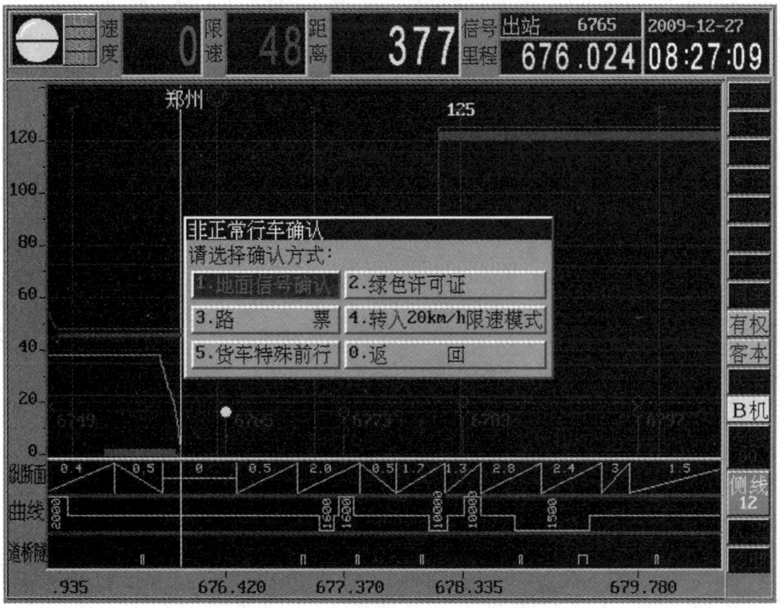

图 2.60　非正常行车确认界面

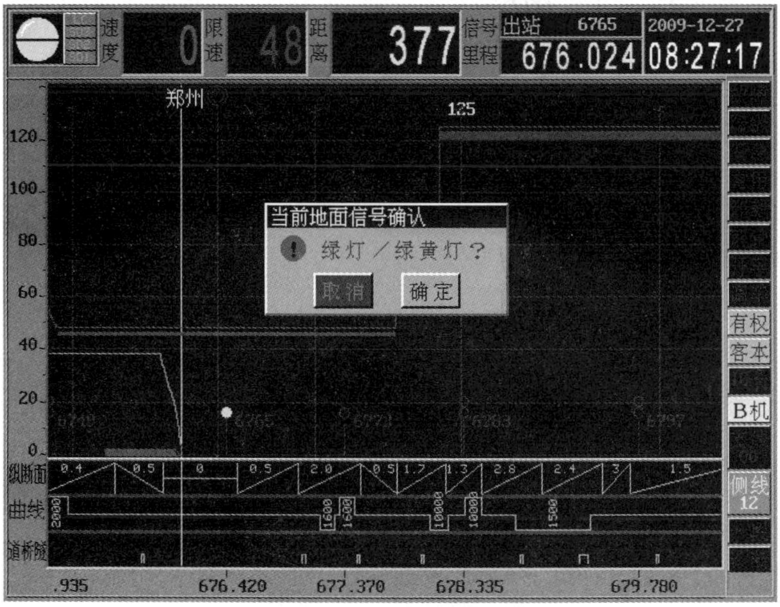

图 2.61　出站信号机确认界面

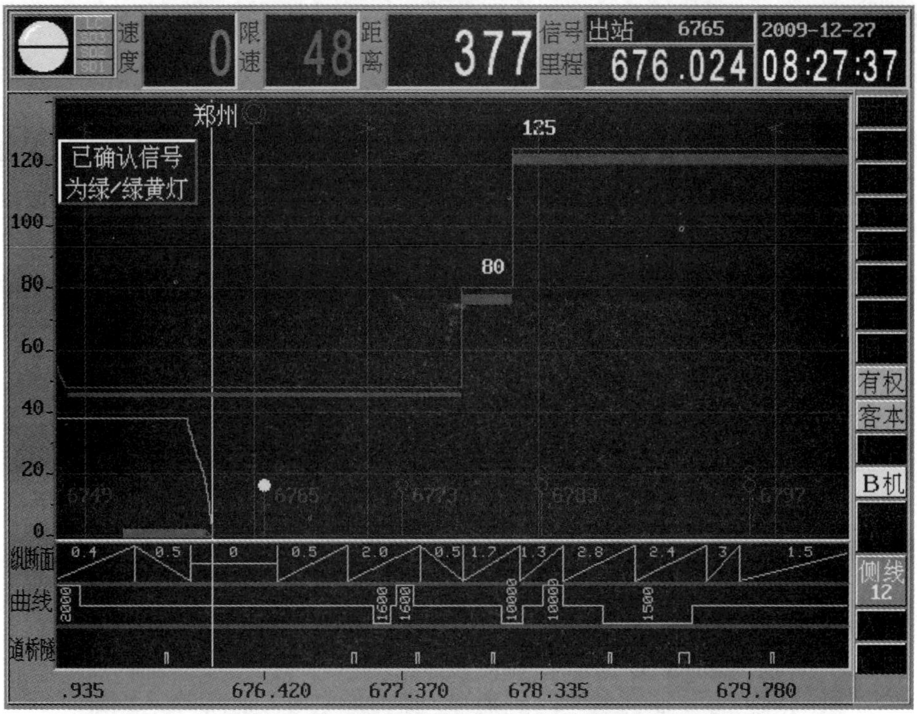

图 2.62 出站绿灯/绿黄灯确认有效界面

注：非始发站出站信号机前机车信号为双黄闪且为>1/12 道岔控制时，禁止进行绿灯确认。

（3）列车由车站无码股道发车。列车开车前，机车信号机显示白灯，司机确认出站信号机开放后，按压【解锁】+【确认】键，监控装置解除出站信号机前的停车控制功能，监控列车以不超过道岔侧向规定速度越过出站信号机。

（4）管理文件规定，当前信号机开放必须以次一架信号机开放为条件，监控装置预先将此设定为“关联发码特殊信号机”后，自动解除该机车信号为一个黄色灯光（或一个双半黄色灯光）转一个白色灯光的停车控制。

（5）对于监控装置线路数据文件中设置为“侧进正出”的股道，如果出站信号机前机车信号为双黄灯，则按“车站信息”中的出站道岔限速和出岔距离控制侧线出岔。

（6）列车经 18 号及以上道岔侧向通过。进站信号机显示一个黄色闪光灯光和一个黄色灯光，机车信号机显示双黄闪灯光，监控装置监控列车以不超过该道岔侧向规定速度通过道岔，并按次一架信号机的显示监控列车运行。

（7）列车运行中，司机应确认地面信号为进行信号后，方可使用特定操作解除监控装置的控制。对上述第（2）、（4）条款，装置解除监控装置对次一架信号机显示的控制时，列车运行到该信号机前，应确认地面信号机的显示，发现显示禁止信号时，应立即采取停车措施，防止列车越过该信号机。

任务七　解除监控装置存储的运行揭示

【教学目标】

会进行监控装置的揭示解锁操作。

【教学地点及设备】

1. 实习地点

列车监控装置应用实训室

2. 设　备

LKJ2000 模拟仿真训练系统

【教学内容】

调度命令的解锁

乘务员出乘时通过 IC 卡将运行揭示存储在监控装置中，当列车运行中接到新的调度命令取消前发运行揭示时，可采用下述方法解除存储在监控装置中的运行揭示控制。

（1）列车运行中，揭示信息提示框在揭示控制点前 4 000 m 处弹出。

司机接到取消前发改用电话闭塞法或绿色许可证行车的调度命令，确认需取消的运行揭示序列号，按压【转储】键，再按压与揭示序列号对应的数字键，显示屏弹出应解除的运行揭示窗口，输入新发调度命令号，将光标移至“确定”位置，按压【确认】键，取消该条前发运行揭示，监控装置解除对该运行揭示的控制。

以揭示解锁提示界面（见图 2.63）为例，当显示屏弹出“揭示解锁”窗口时，显示屏右上角不但显示命令号为 1223，前方“圃田”车站改按电话闭塞的运行揭示，同时显示前方“554.000-553.860”处有 45 km/h 的临时慢行，其序号 1 为临时慢行，序号 2 为改电话闭塞，若取消前发 1223 改电话闭塞揭示，则按压【转储】键，再按压【2】键，输入新发调度命令号（见图 2.64），将光标移至“确定”位置，按压【确认】键，前发改按电话闭塞的调度命令即取消，取消后的运行界面如图 2.65 所示。

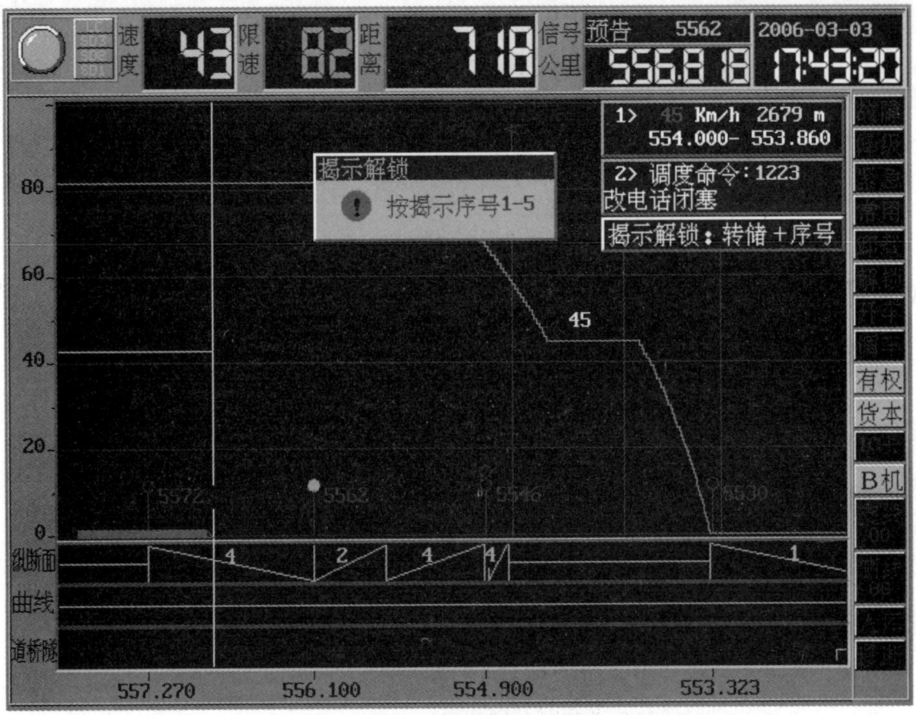

图 2.63 揭示解锁提示界面

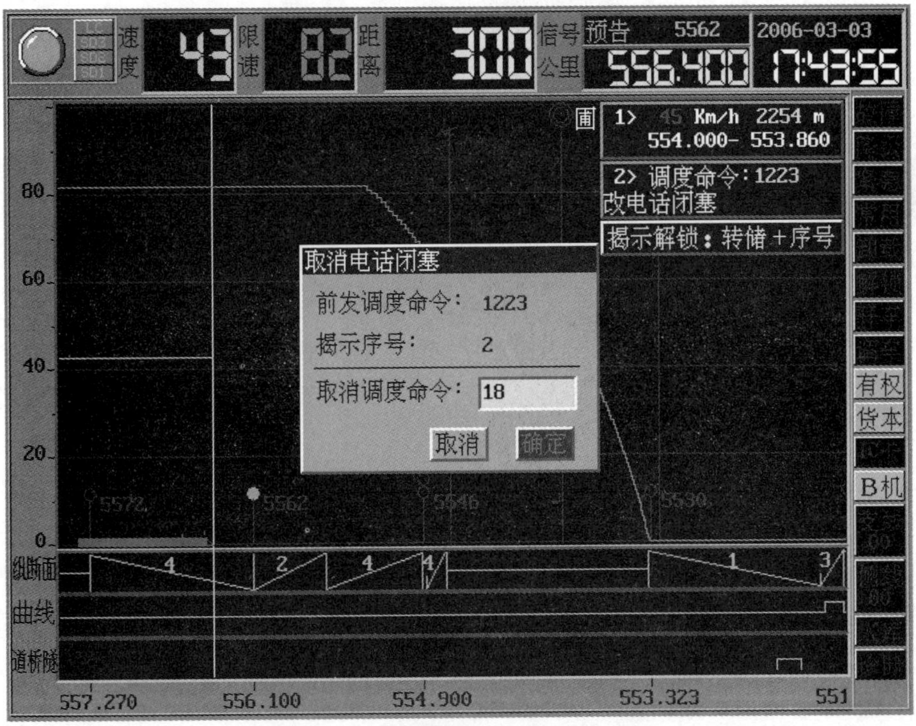

图 2.64 取消调度命令输入界面

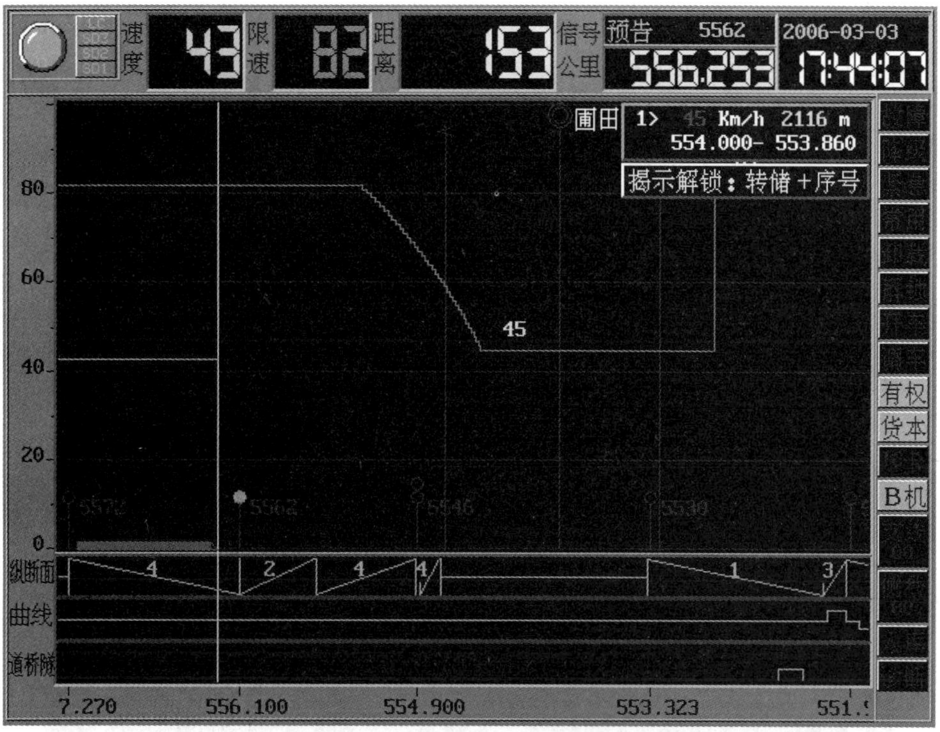

图 2.65 取消调度命令后的运行界面

（2）当列车距离临时慢行地点 4000 m 时，显示屏显示临时限制速度线，监控装置语音提示的同时，显示屏右上角显示临时慢行揭示，司机接到取消前发临时限速的调度命令，按压【转储】键，再按压与临时慢行序列号对应的数字键，显示屏弹出要求输入取消临时慢行调度命令号的窗口，输入新发调度命令号，将光标移至“确定”位置，按压【确认】键，取消前发临时慢行揭示，监控装置解除对该临时慢行的控制。

仍以图 2.63 为例，若取消限速 45 km/h 的临时慢行，则按压【转储】键，再按压【1】键，输入新发调度命令号，将光标移至“确定”位置，按压【确认】键，限速 45 km/h 的临时慢行即取消。

（3）列车停车时，司机接到取消前发运行揭示的调度命令后，可通过揭示查询方式取消前发运行揭示。方法为：

① 司机按压【查询】键，显示屏进入查询选择界面（见图 2.66）；

② 按压数字键【3】或将光标指向“全部揭示”时按压【确认】键，显示屏显示全部揭示；

③ 按压数字键【1】，或使用【←】【→】键将光标指向“选择”位置，按压【确认】键，进入选择状态；

④ 使用【↑】【↓】键将光标指向需要解除的运行揭示，按压【确认】键选中该揭示（如图 2.67 中选中的第 1 条，京广线谢庄站的特定引导）；

⑤ 按压数字键【3】，或使用【←】【→】键将光标指向“解锁”，按压【确认】键，显示屏弹出新发调度命令号输入窗口（见图 2.68）；

⑥ 输入新发调度命令号，按压【确认】键，将光标指向“确定”，再次按压【确认】键，

窗口显示“取消揭示成功”，该条运行揭示即解除。取消的揭示以红色栏目标记（见图 2.69）；

（4）重复上述操作可解除其他揭示；

（5）将光标指向“返回”位置，按压【确认】键，两次按压【0】键，监控装置返回监控状态。

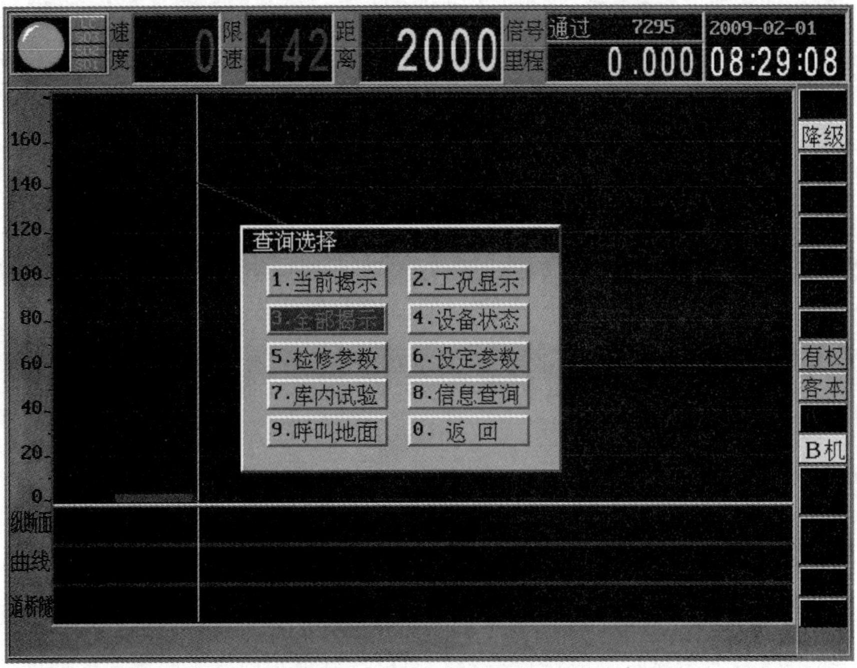

图 2.66 查询选择界面

序号	工务线路名	行别	位置	起止日期	起止时间	客限	货限
0	京广线	上下	谢庄	01-19~12-27	08:00~08:00	特定	引导
1	京广线	上下	小李庄	01-19~12-27	08:00~08:00	绿色	许可
2	京广线	上下	谢庄	01-19~12-27	08:00~08:00	电话	闭塞
3	京广线	上下	682.000~683.000	01-19~12-27	08:00~11:30	45	45
4	京广线	上下	682.500~682.700	01-19~12-27	08:00~11:30	35	35
5	京广线	上下	809.526~809.726	06-26~06-26	08:00~11:31	45	45
6	京广线	上下	809.726~809.926	06-26~06-26	08:00~11:31	45	45
7	京广线	上下	809.926~810.126	06-26~06-26	08:00~11:31	45	45
8	京广线	上下	810.126~810.326	06-26~06-26	08:00~11:31	45	45
9	京广线	上下	810.326~810.526	06-26~06-26	08:00~11:31	45	45
10	京广线	上下	810.526~810.726	06-26~06-26	08:00~11:31	45	45
11	京广线	上下	810.726~810.926	06-26~06-26	08:00~11:31	45	45
12	京广线	上下	810.926~811.126	06-26~06-26	08:00~11:31	45	45
13	郑州北环线	上下	0.050~0.150	06-26~12-31	08:00~08:00	45	45
14	京广线	上下	811.126~813.541	06-26~06-26	08:00~11:31	45	45

图 2.67 全部揭示显示界面

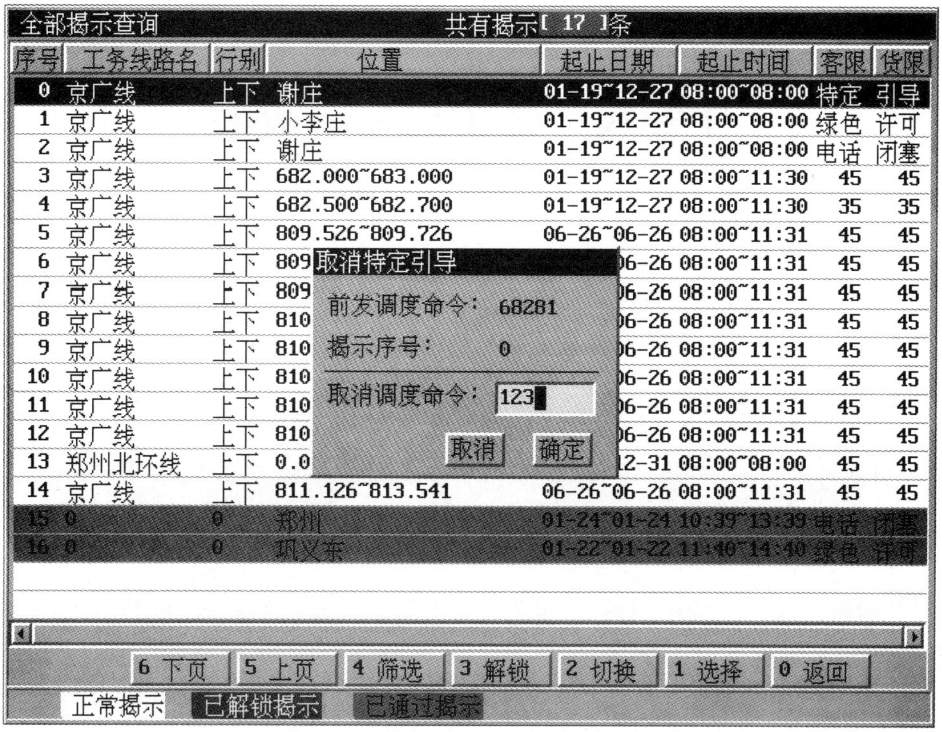

图 2.68 取消第 3 条揭示输入命令窗口

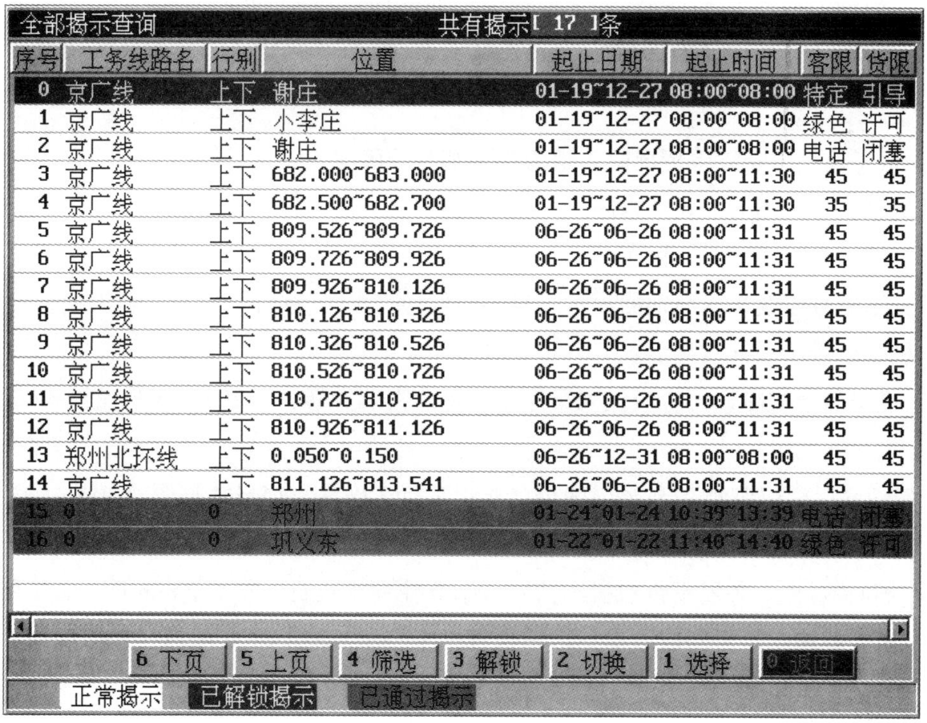

图 2.69 第 3 条运行揭示解除界面

任务八　机车信号机故障

【教学目标】

（1）会进行机车信号机故障时的监控装置的操作。

（2）会进行列车反方向运行时监控装置的操作。

【教学地点及设备】

1. 实习地点

列车监控装置应用实训室

2. 设　备

LKJ2000 模拟仿真训练系统

【教学内容】

一、机车信号机、监控装置故障

（1）机车信号出现以下情况时，视为机车信号故障。

① 机车信号持续灭灯或频繁闪灭；

② 连续两个闭塞分区，机车信号显示白灯或频繁“掉白灯”；

③ 机车信号连续显示与地面显示不符的“红/黄”“红”灯；

④ 机车信号出现升级显示。

（2）机车信号故障，司机应使列车停车，将监控装置转为“20 km/h 限速模式”，操作方法如下：

持续按压【↑】键 2 s，显示屏弹出“非正常行车确认”窗口（见图 2.70），将光标移至“转入 20 km/h 限速模式”位置，按压【确认】键后，装置即转为“20 km/h 限速模式”。转为 20 km/h 限速模式后，装置不再按机车信号显示监控列车运行，停车 2 min 后，监控列车以不超过 20 km/h 的速度运行到前方车站出站信号机前停车。“20 km/h 限速模式”确认界面如图 2.71 所示，“20 km/h 限速模式”运行界面如图 2.72 和图 2.73 所示。

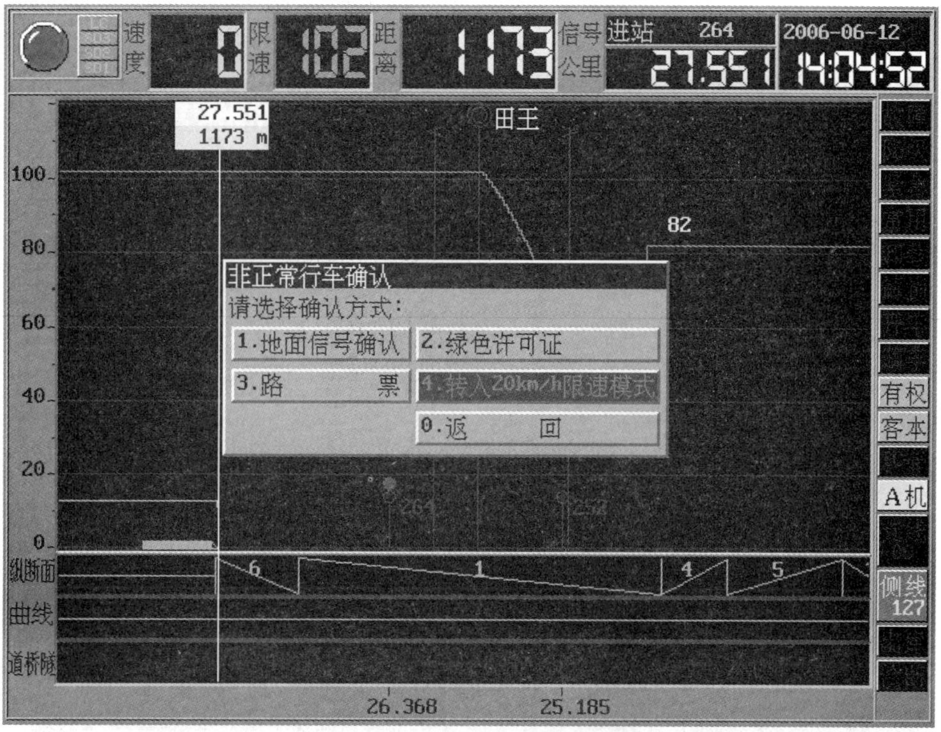

图 2.70　非正常行车确认界面

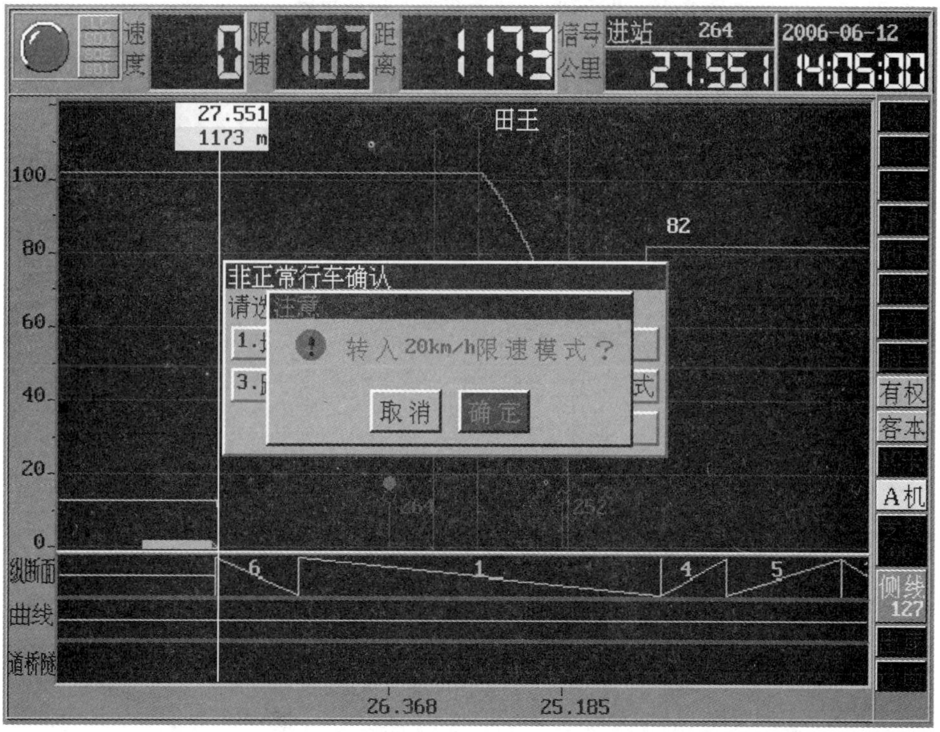

图 2.71　“20 km/h 限速模式”确认界面

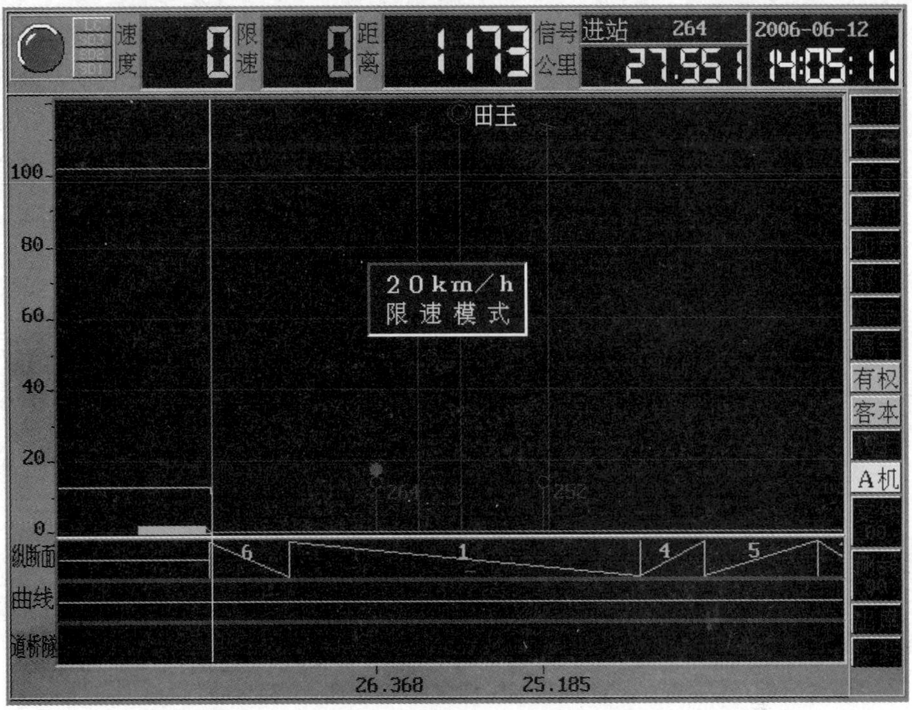

图 2.72 “20 km/h 限速模式”运行界面（一）

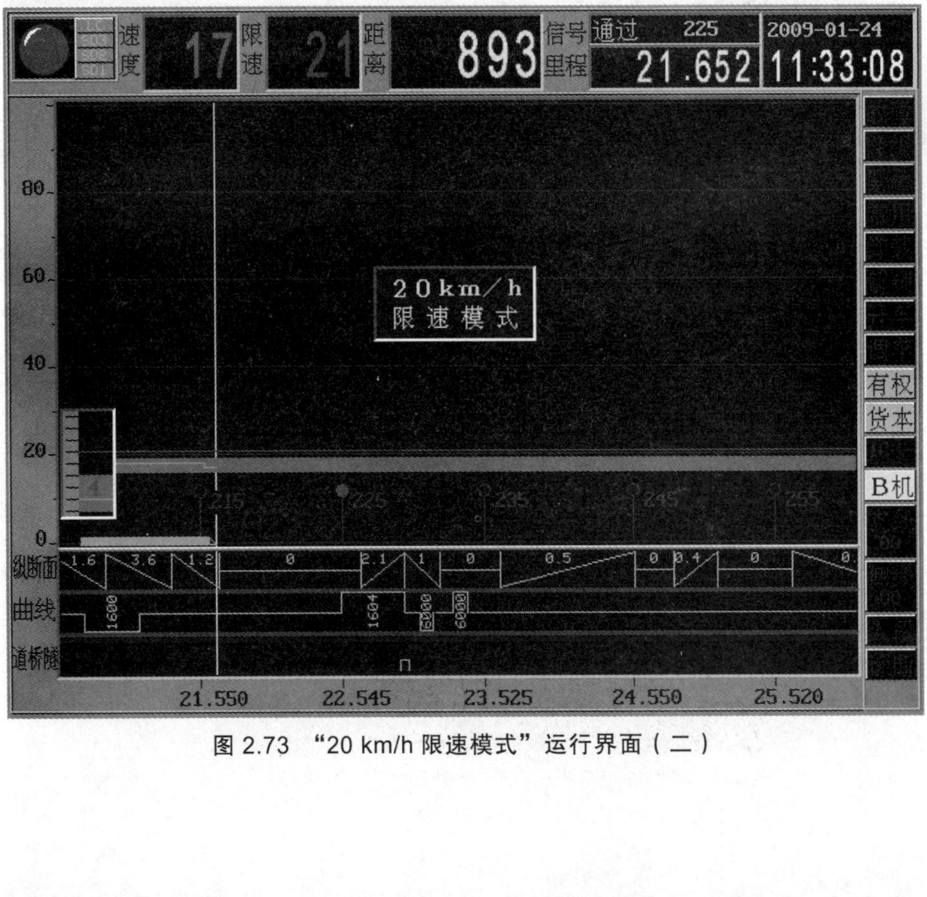

图 2.73 “20 km/h 限速模式”运行界面（二）

转入“20 km/h 限速模式”后，需要解除 20 km／h 限速模式时，只能在下一非线路所的车站内应在停车后按压显示器【↑】键 2 s，显示屏弹出“非正常行车确认”窗口，如图 2.74 所示，将光标移至“转出 20 km/h 限速模式”位置，按压【确认】键后，弹出“转出 20 km/h 限速模式”确认窗口，如图 2.75 所示，将光标移动至确认上按压【确认】键后，退出“20 km/h 限速模式”，进入降级状态。

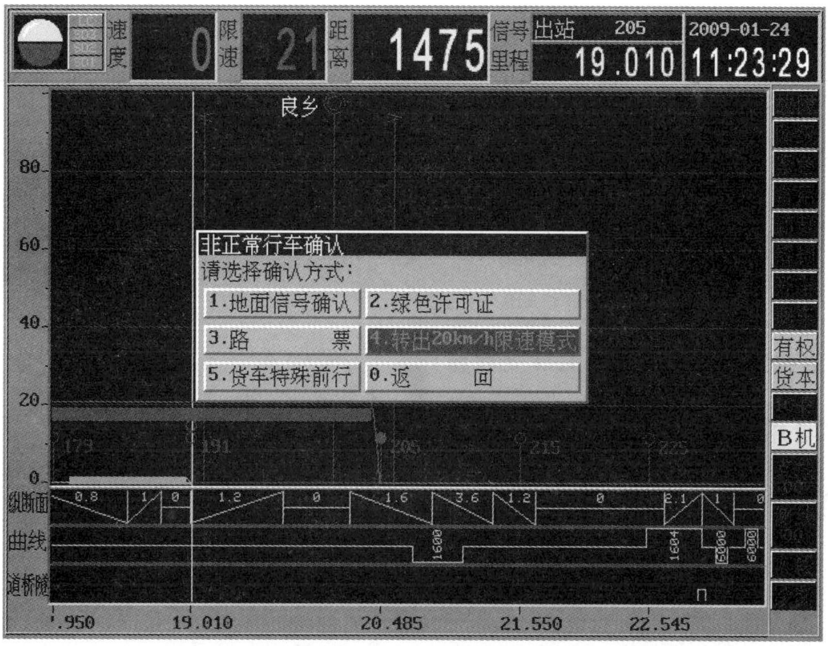

图 2.74　转出 20 km/h 非正常行车确认界面

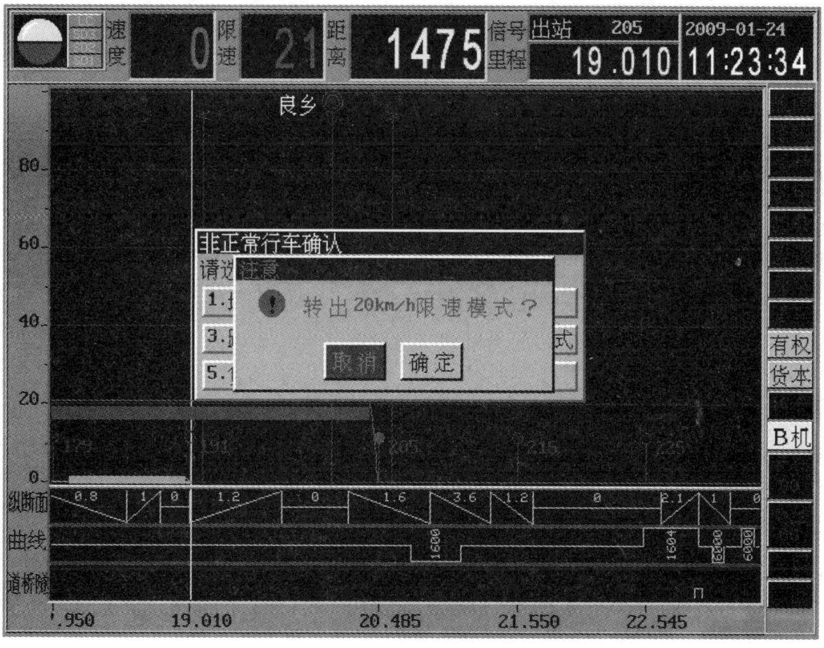

图 2.75　转出 20 km/h 限速模式确认界面

二、列车反方向运行

列车在双线双方向区段反方向运行时，按照停用基本闭塞法改用电话闭塞法行车的办法操作监控装置，其中显示屏提示输入“电话记录号”时，统一输入“99”。

任务九 应急故障处理

【教学目标】

（1）掌握应急故障类型。
（2）会进行监控装置的应急故障处理操作。

【教学地点及设备】

1. 实习地点

列车监控装置应用实训室

2. 设 备

LKJ2000模拟仿真训练系统

【教学内容】

一、监控主机故障

故障现象：显示屏显示器故障灯亮，同时显示屏显示器蜂鸣器报警。
解决办法：必须在3 min内关闭监控主机电源，否则将实施紧急制动。

二、显示屏显示器故障

故障现象：黑屏、白屏、死屏、花屏、按键无效及语音提示混乱。
解决办法：
（1）将监控主机电源关闭2～3 s后再次打开（最好在机车信号绿灯或停车时进行）。
（2）具备双屏切换的机车，可进行显示屏显示器切换操作。

三、双针表显示有错误

解决办法：依次按压【查询】键、【7】键进入“库内试验”窗口，按【7】键进入“双针表切换”窗口，再按【确认】键，按【0】键返回。

四、IC 卡输入或转储故障

解决办法：

（1）换卡后再次输入或转储。

（2）换到另外一端显示屏显示器再次进行输入或转储。

（3）将监控主机电源关闭 2 ~ 3 s 后再次打开，重复（1）（2）项。

任务十　相关的机车安全装备认知

【教学目标】

认识其他相关机车安全装备。

【教学地点及设备】

1. 实习地点

列车监控装置应用实训室

2. 设　备

LKJ2000 模拟仿真训练系统

【教学内容】

除 LKJ2000 型监控装置外，机车上还安装有 TAX2 型机车安全信息综合监测装置（以下简称 TAX2）、机车标签、无线调度电话语音录音装置、车载无线传输装置等机车行车安全装备。这些装备在保障运输安全、提高机务管理水平等方面均发挥着重要作用。乘务员应全程开机，保证机车上所有的行车安全装备时刻处于工作状态，不得无故关机。

一、TAX2 型机车安全信息综合监测装置

TAX2 型机车安全信息综合监测装置是集各种与机车运行有关的信息检测和数据传输设备于一体的综合性信息监测装置，俗称信息工作平台。它将各检测设备以标准模块单元插件

的形式置于工作平台（即 TAX2 箱）中，通过该工作平台中的通信插件与 LKJ2000 型监控装置进行通信，实时获取监控装置的时间、千米标、速度和车次等信息，并向安装在 TAX2 箱中的其他单元插件进行广播。目前，置于 TAX2 中的检测设备主要有：无线调度电话语音录音装置、机车标签编码器（TMIS）、DMIS 等。

1. **无线调度电话语音录音装置**

无线调度电话语音录音装置的主要功能：用于对乘务员车机联控进行录音，能将乘务员通过无线调度电话进行的收、发语音信号，按数字形式进行记录，并以从监控装置获取的时间、千米标作为基准坐标进行存储记录，形成语音文件。可利用地面设备和微机回放联控录音。乘务员出乘前应对录音装置进行必要的检查，方法为：利用无线调度电话呼叫一句话，然后立即关闭无线调度电话，按压录音插件面板上的回放按钮（或语音箱上的测试键），刚才呼叫的内容应该能正确回放；装有双套监控装置的双端机车应在另一端重复上述操作。

2. **机车标签系统**

机车标签系统主要由机车电子标签和机车标签编程器（TMIS 单元插件）组成。TMIS 插件板从监控装置中读取机车的身份信息，主要包括：段别、机车型号、编号、牵引的列车车次等，并将这些信息写入电子标签。电子标签安装在机车下部，主要用来存储并向外发送上述机车相关信息。因此，该系统是实现机车电子信息化管理不可缺少的设备，乘务员出乘前必须认真核对通过显示屏显示器输入的参数是否正确，一旦错误，则通过电子网络系统反映出的该机车及其牵引的列车信息也将发生错误，给调度指挥、数据统计分析带来很大麻烦。

二、车载无线传输装置

车载无线传输装置是列车运行状态信息系统（简称 LAIS）的重要组成部分，主要利用现代无线通信手段，通过和地面设备的配合，实现列车实时信息的 GPRS 实时传输和运行记录文件入段时的无线高速下载；同时利用 GSM 网络通信系统，建立机车与地面之间的应急通话功能。

车载无线传输装置主要由车载主机、通话器、天线等组成。车载主机与监控装置连接，用于实现监控装置记录文件的无线转储及监控实时信息的接收。车载通话器实现乘务员与地面人员的无线通话联系。乘务员出乘前，车载主机应处于工作状态并进行通话试验，方法为

（1）合上车载主机背板上的开关（该开关通常在闭合位），自检完毕后，前面板上的 V1、V2、V3 电源指示灯亮；GPRS 灯、WLAN 灯亮；“监控”灯、“TAX2”灯亮；其他灯灭。两端通话盒处于挂机状态（非通话时严禁处于摘机状态）。

（2）按压显示器上的【查询】+【4】键，然后选择“1：数传”，可弹出无线传输系

统信息查询窗口。在“GSM&GPRS”一列中，“GSM 入网”和“GPRS 入网”指示灯应为绿色。

（3）通话试验：摘下通话器，按压通话器上的【本段】键，至“信号”灯亮，开始自动拨打地面固定电话，听筒应有等待对方接通电话的长音，对方接听后可以直接通话，通话完毕挂机，“信号”指示灯灭。运行中呼叫地面的操作同上。

（4）运行中接听地面人员呼叫电话：车载通话器振铃后，乘务员直接拿起通话器，就可以与地面进行通话；通话后乘务员挂上电话或者地面人员挂断电话都可以通话结束。

注意：取通话手柄时不能硬往下拽，应按下通话盒上面固定通话手柄的按钮，通话手柄即可轻松取下。

任务十一　动车组 LKJ

【教学目标】

学习动车组 LKJ 相关知识。

【教学地点及设备】

1. 实习地点

列车监控装置应用实训室

2. 设　备

LKJ2000 模拟仿真训练系统

【教学内容】

一、ATP 与 LKJ 的关系

装备了 ATP 车载设备和 LKJ 的 CRH 动车组通过设置在 CTCS-2 及以上区段与 CTCS-0/1 级区段分界处的转换应答器，实现 ATP 与 LKJ 两种控车设备的自动转换。

正常情况下，动车组在 CTCS-2 级及以上区段由 ATP 车载设备控车，在 CTCS-0/1 级区段由 LKJ 车载设备控车。

在 CTCS-2 级及以上区段，遇 ATP 车载设备或列控地面设备故障造成 ATP 车载设备无法正常使用，但机车信号显示正常时，列车停车后可由司机手动转换为 LKJ 控车。

由 LKJ 车载设备控车时，列车最高运行速度为 165 km/h（167 km/h 报警，170 km/h 启动常用制动，175 km/h 启动紧急制动）。

由 ATP 车载设备控车时，LKJ 具有列控数据、车辆状态和司机操纵等记录功能。

二、隔离开关

CRH 动车组上的 LKJ 除装有电源开关外，还安装有隔离开关。隔离开关在隔离位时，将 LKJ 的输出信号物理隔离。

LKJ 隔离开关拨到“隔离”位时，显示器右下角点亮红色“隔离”字样（原“诊断”位置）；隔离开关拨到“正常”位时，“隔离”灯灭。

三、LKJ 与 ATP 结合工作

（1）动车上 LKJ 的速度、机车信号等信息由 ATP 提供。

（2）列车由 ATP 控制时，LKJ 显示器窗口显示“其他列控控制区…”，同时显示器限速窗口、实速窗口显示“---”，主显示界面不显示限速曲线和实速曲线，只根据列车运行情况显示列车所处位置、信号机位置及线路纵断面等信息（见图 2.76）。LKJ 记录列车运行情况，不进行任何控制，由 ATP 监控列车运行。

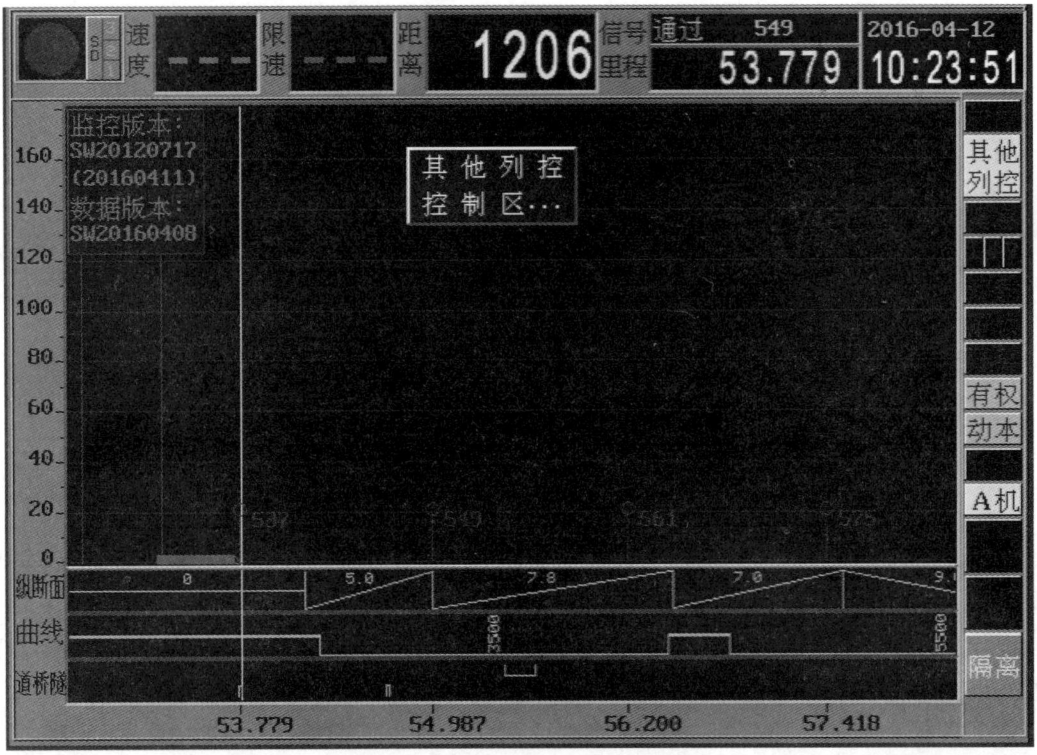

图 2.76 与其他列控设备结合模式

四、级间控制切换

1. 正常切换

在级间切换上载点，收到应答器上载信号后，由 LKJ 控车方式自动切换至 ATP 控车方式；在级间切换下载点，收到应答器下载信号后，由 ATP 控车方式自动切换至 LKJ 控车方式，并有语音提示。

2. 制动状态切换

级间切换时若处于制动状态，则不能进行切换，需缓解后自动转换。

五、常用制动

动车组 LKJ 装置增加了 1、4、7 级常用制动功能，显示器右侧原来的“常用”框改为“1、4、7”，当装置输出 1、4、7 级常用制动时，显示器点亮相应的数字。

= = ★ = = = = ★ = =

★ 级间切换点前注意控制速度，防止切换后制动。

★ 注意观察过机校正情况，如切换为 LKJ 控车，发现距离误差过大时，及时进行人工距离校正。

★ 线路上下行转换时须手动操作 ATP 装置，确保机车信号接收正常。

任务十二　语音提示

【教学目标】

（1）掌握列车各项语音提示的含义和发声时机。

（2）会根据语音提示进行对应的操作。

【教学地点及设备】

1. 实习地点

列车监控装置应用实训室

2. 设　备

LKJ2000 模拟仿真训练系统

【教学内容】

一、机车条件语音提示（见表 2.2）

表 2.2 机车条件语言提示

序号	语音内容	语音含义及发声时机
1	绿灯通过	当 LKJ 接收的机车信号信息由其他信号变为绿灯时
		当 LKJ 接收的机车信号信息由其他信号变为绿 1 灯时
		当 LKJ 接收的机车信号信息由其他信号变为绿 2 灯时
		当 LKJ 接收的机车信号信息由其他信号变为绿 3 灯时
		当 LKJ 接收的机车信号信息由其他信号变为绿 4 灯时
		当 LKJ 接收的机车信号信息由其他信号变为绿 5 灯时
		当 LKJ 接收的机车信号信息由其他信号变为绿 6 灯时
2	绿黄灯，注意运行	当 LKJ 接收的机车信号信息由其他信号变为绿黄灯时
3	黄灯，减速	当 LKJ 接收的机车信号信息由其他信号变为黄灯时
4	黄 2 灯，注意运行	当 LKJ 接收的机车信号信息由其他信号变为黄 2 灯时
5	红黄灯，停车	当 LKJ 接收的机车信号信息由其他信号变为红黄灯时
6	红灯，停车	当 LKJ 接收的机车信号信息由其他信号变为红灯时
7	黄 2 闪，注意运行	当 LKJ 接收的机车信号信息由其他信号变为黄 2 闪时
8	双黄闪，注意道岔	当 LKJ 接收的机车信号信息由其他信号变为双黄闪时
9	双黄灯，侧向运行	当 LKJ 接收的机车信号信息由其他信号变为双黄灯且前方信号机为进站信号机时
10	红黄闪，注意运行	当 LKJ 接收的机车信号信息由其他信号变为红黄闪时
11	白灯无码	当 LKJ 接收的机车信号信息由其他信号变为白灯时
12	信号异常	当 LKJ 接收的机车信号信息由其他信号变为多灯或灭灯时
13	信号突变	当 LKJ 接收的机车信号信息变化符合 LKJ 控制模式设定规范中信号突变规定的条件时

二、系统报警语音提示（见表 2.3）

表 2.3　系统报警语言提示

序号	语音内容	语音含义及发声时机
1	呜.....	当降级模式下 LKJ 接收的机车信号为停车信号且运行速度 5 km/h 时
2	空转空转	当 LKJ 判断速度信号加速度超过控制参数设置值时
3	轮滑轮滑	当 LKJ 判断速度信号减速度超过控制参数设置值时
4	卸载动作	当 LKJ 发出撤除机车牵引力指令时
5	常用制动	当 LKJ 发出常用制动指令时
6	紧急制动	当 LKJ 发出紧急制动指令时
7	减速减速	当 LKJ 防冒或防超控制时实速接近限速达到控制模式设定参数设置值时
8	注意限速	当 LKJ 限速曲线开始下降或下降达到一定间隔时
9	注意防溜	当 LKJ 判断机车发生溜逸时
10	防溜动作	当 LKJ 启动防溜控制发出紧急制动指令时

三、操作语音提示（见表 2.4）

表 2.4　操作语音提示

序号	语音内容	语音含义及发声时机
1	请输入支线号	当 LKJ 运行数据的前方分区有支线数据，或本分区存在支线数据且满足输入条件时
2	请输入侧线股道号	当 LKJ 运行数据的前方分区有多条侧线数据且满足输入条件时
3	注意按开车键	当列车始发站发车后，乘务员未及时按压【开车】键时（可选语音项目）
4	禁止双弓	当 LKJ 运行数据到达规定的降弓地点时
5	车机联控	当 LKJ 运行数据到达规定的车机联控地点时
6	允许缓解	当 LKJ 实施常用制动或解除机车牵引力后，速度下降达到允许人工缓解条件时
7	缓解成功	当 LKJ 实施常用制动或解除机车牵引力后，达到允许人工缓解条件，人工按压【缓解】键缓解成功时
8	解锁成功	当符合 LKJ 控制模式解锁条件，人工按键解锁成功时

四、工作状态语音提示（见表 2.5）

表 2.5　工作状态语音提示

序号	语音内容	语音含义及发声时机
1	监控运行	当 LKJ 由其他模式进入监控模式时
2	降级运行	当 LKJ 由其他模式进入降级模式时
3	进入调车	当 LKJ 进入调车模式时
4	退出调车	当 LKJ 由调车模式退出时
5	请注意调车信号	当调车模式下未确认前方调车信号动车时

复习思考题

1. 地面闭塞分区通过信号显示停车信号时如何进行行车处理？
2. 装有容许信号的分区通过信号机显示停车信号时如何进行行车处理？
3. 有计划改用电话闭塞如何操作？
4. 临时改用电话闭塞法行车如何操作？
5. 有计划使用绿色许可证发车如何操作？
6. 临时使用绿色许可证发车如何操作？
7. 货运列车站内停车特殊前行的使用条件有哪些？
8. 特殊前行控制的制动条件有哪些？
9. 什么情况下可以退出特殊前行模式？
10. 如何进行调度命令的解锁？
11. 机车信号出现什么情况时，视为机车信号故障？
12. 显示屏显示器故障现象有哪些？如何解决？

第三章　LKJ 监控运行数据分析

项目一 LKJ 监控运行数据分析

【项目描述】

系统通过对 LKJ 监控装置运行记录文件和对应运行曲线，能够对各种途中操纵作业、制动机操作进行分析，能够通过数据分析发现行车过程中的一些违规、违章操作情况，以及运行区间临时发生的非正常情况。

【教学目标】

1. 能力目标

（1）熟练操作运行记录分析系统。

（2）熟练分析 LKJ2000 监控运行数据。

2. 知识目标

（1）掌握一次乘务作业违规项点类型。

（2）熟练掌握分析方法，找出违规项点。

3. 素质目标

（1）培养敬业爱岗、遵章守纪、乐于奉献的职业精神。

（2）牢记安全第一、以质量促安全的职业规范。

任务一 运行记录分析系统操作

【教学目标】

掌握运行记录分析系统操作方法。

【教学地点及设备】

1. 实习地点

列车监控装置应用实训室

2. 设　备

LKJ2000 模拟仿真训练系统

【教学内容】

客户端操作说明

启动考试客户端应用程序 LKJExamClient.exe，输入用户名，密码默认为“111”，点击“登录”按钮进入考试页面（见图 3.1）。

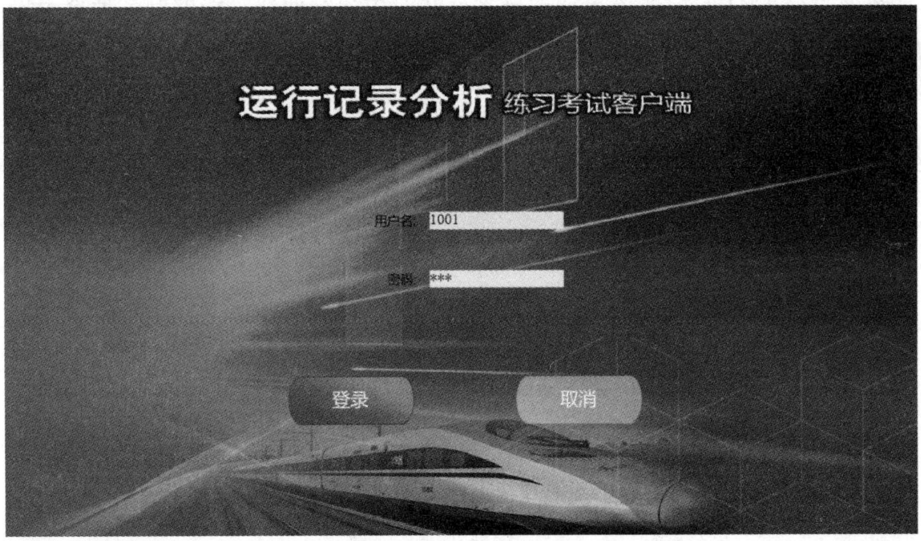

图 3.1　登录界面

登录练习考试页面，分别点击“练习”和“考试”按钮，进入练习或考试页面（见图 3.2）。

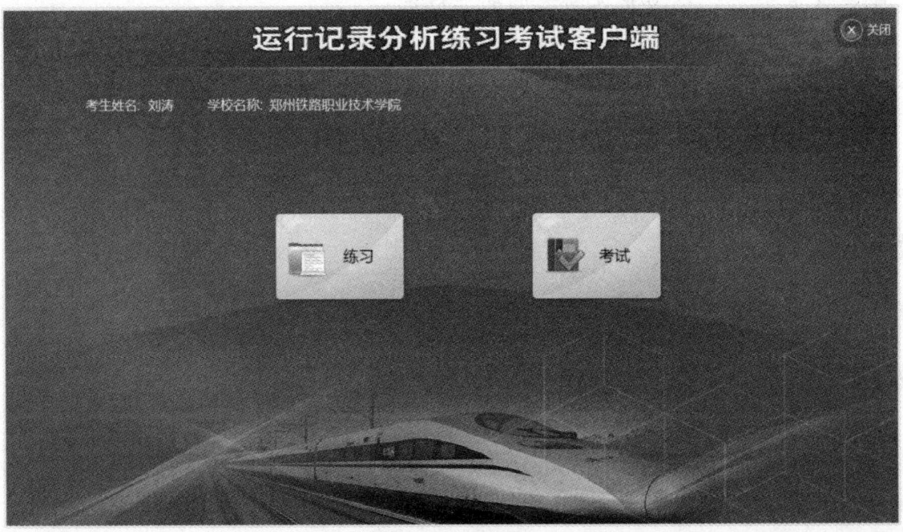

图 3.2　系统首页

1. 练　习

点击“练习”按钮，进入选择项点页面，可使用“全选”或“反选”快速选择所需要练习的项点。选择完成后点击“确定”按钮进入项点分析练习页面，系统自动加载包含所选项点的试题（见图 3.3）。

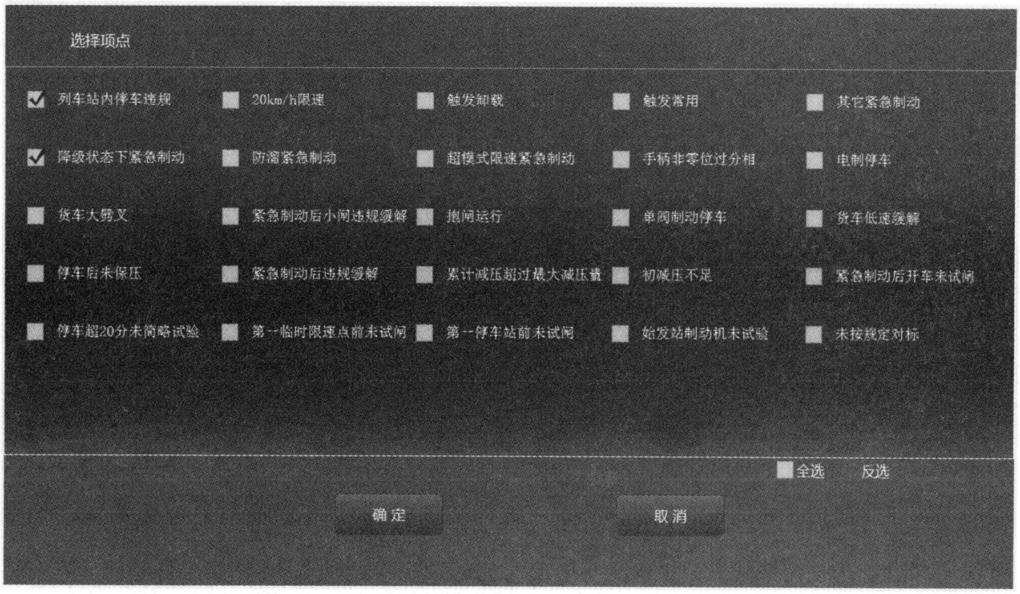

图 3.3　项点选择

练习页面包含考生信息、菜单栏、记录检索工具栏、运行记录、答案选项、运行曲线按钮，以及试题切换按钮等信息（见图 3.4）。

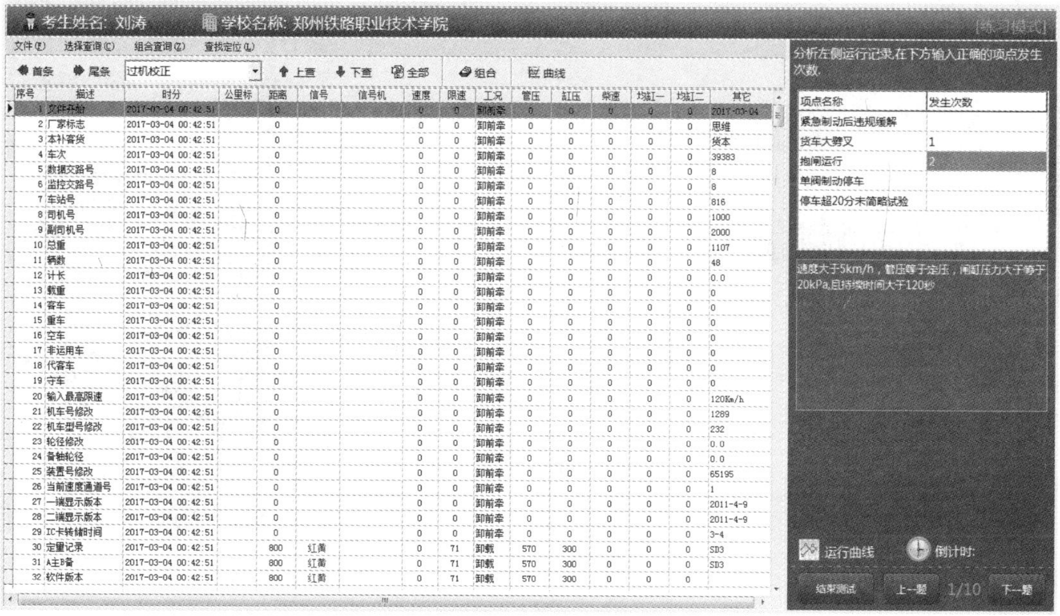

图 3.4　练习页面

1）记录检索工具栏（见图 3.5）

图 3.5　项点筛选工具栏

（1）首尾条记录定位：点击“首条”和“尾条”按钮快速定位到运行记录顶部和尾部。

（2）查找定位：如图 3.6 所示选择记录描述，点击“上查”和“下查”按钮逐条定位相关记录。

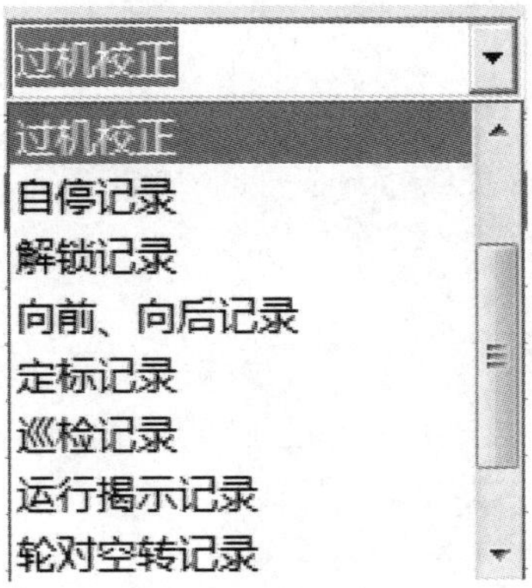

图 3.6　描述选择

（3）组合：点击“组合”按钮，弹出的对话框可多选择记录描述，点击“过滤”按钮筛选出相关记录，使用上、下定位按钮，选择已筛选出来的记录（见图 3.7）。

图 3.7　组合过滤

（4）全部：点击“全部”按钮取消筛选条件，显示全部运行记录。

（5）曲线：点击“曲线”按钮或右下角的“运行曲线”按钮，可打开运行记录曲线窗口。

2）菜单栏

菜单工具栏包含文件、选择查询、组合查询和查找定位。

（1）组合查询：与工具栏内的组合功能基本一致，工具栏的组合功能能够同时过滤多条记录描述，组合查询一次只能过滤一条记录描述。

（2）选择查询：在下拉菜单中点击“条件查询”弹出对话框如图 3.8 所示。点击“选择查询项”下拉菜单，选择如记录号、速度、限速和管压等查询项，输入起、止限制条件，点击“确定”按钮筛选查询结果。图 3.8 所示为查询记录号为 1 ~ 4 的记录。

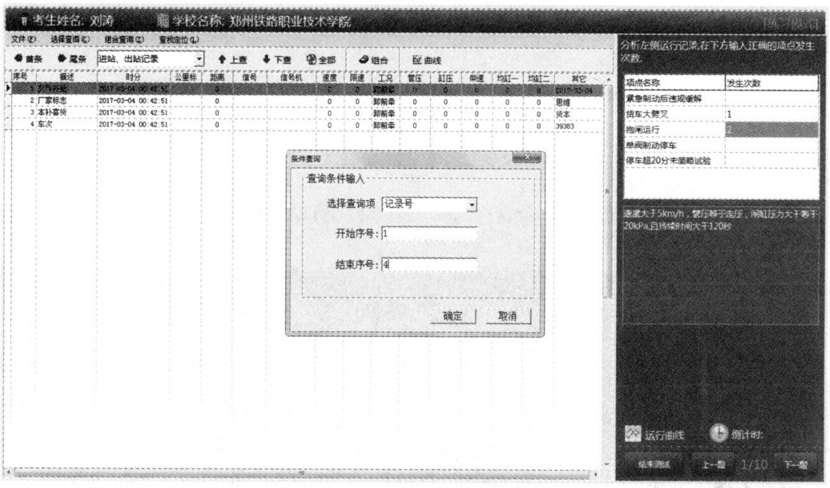

图 3.8 选择查询

3）答题选项

选择在运行记录里发生过的项点名称，并在每个项点后面输入发生的次数，如图 3.9 所示填写该项点在运行记录内发生的次数为“1”次，如果发生两次，就填写“2”。

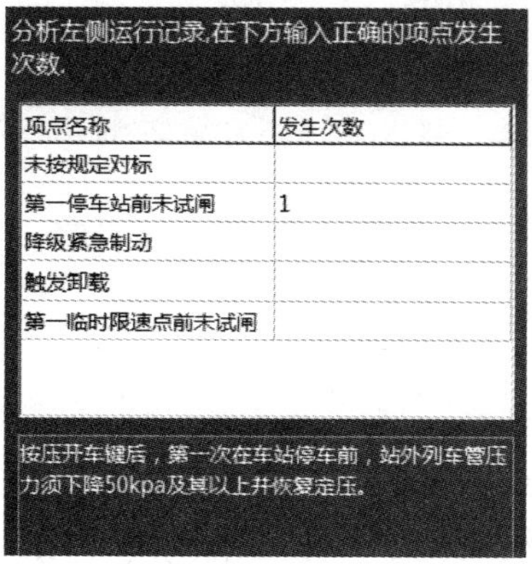

图 3.9 答题选项

选中一条项点，下面会显示该项点的检索说明，可按照说明检索出项点。

4）试题切换及结束测试（见图 3.10）

图 3.10 试题切换

（1）点击“上一题”或“下一题”按钮切换试题，当点击“下一题”的时候，会有正确答案提示，点击“继续”按钮答下一题。

（2）点击“结束测试”按钮，结束本次测试。

5）运行曲线

点击“运行曲线”按钮，查看 LKJ 运行曲线（见图 3.11）。

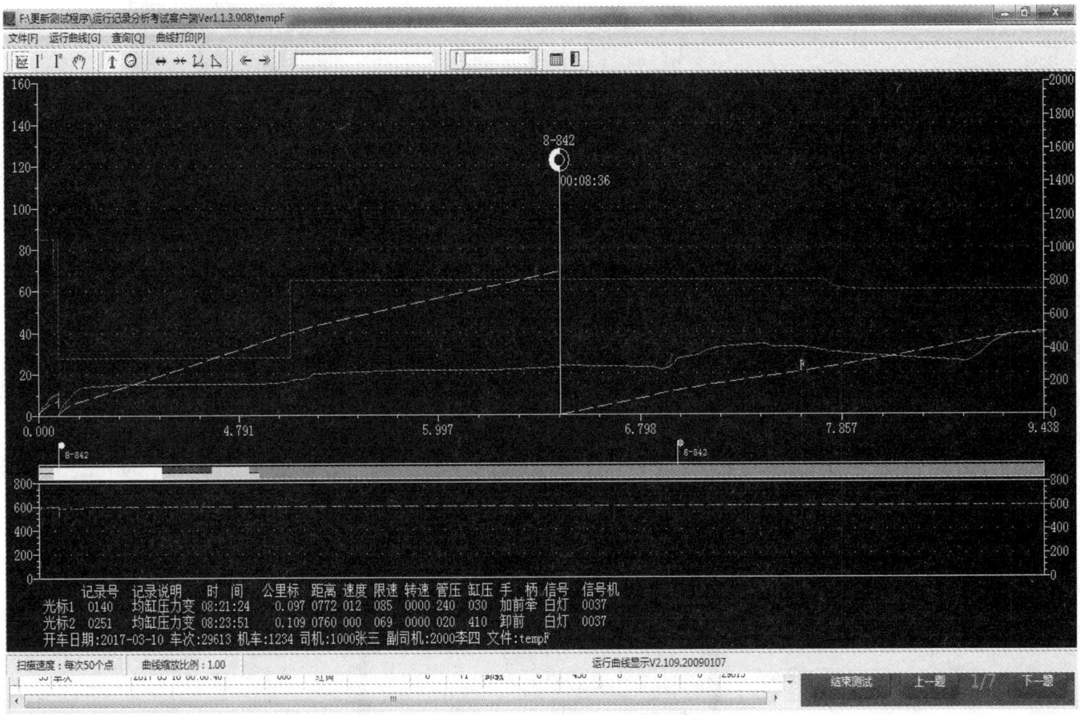

图 3.11 曲线

（1）点击 （移动曲线）按钮，光标变成双箭头形状，点击鼠标左键，运行曲线自动前进，点击鼠标右键，运行曲线自动倒回到原点。点击 （左移右移）按钮，曲线会左右移动。

（2）点击 I¹ I² （移动光标）按钮（分别控制光标 1 和光标 2），点击曲线图，光标 1 或 2 会自动定位到运行记录点。

（3）点击（鼠标拖动）按钮，光标变为小手形状，可以左右拖动曲线。

（4）点击（千米标或时间）按钮，运行曲线横坐标将分别以千米标或时间显示。

（5）点击（拉伸缩窄）按钮，曲线会在水平方向被拉伸或缩窄。

（6）滑动滑块，左侧滑块控制曲线左右滑动，右侧滑块控制滑动速度。

（7）点击“查询”菜单，分别可以按照千米标、时间或记录号进行运行曲线快速定位（见图 3.12）。

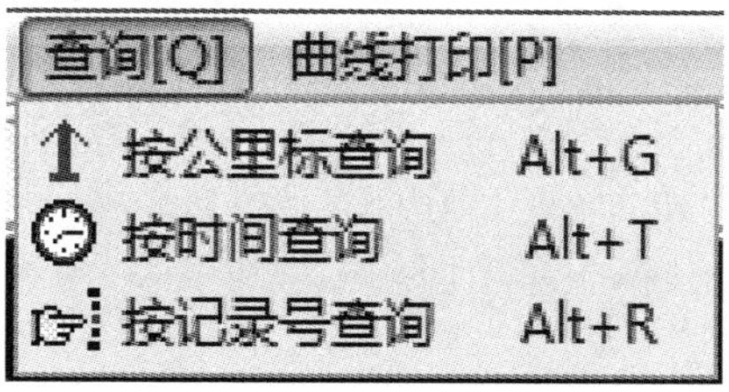

图 3.12 查询选项

2. 考 试

点击“考试”按钮，进入考试页面（见图 3.13），考试的操作与练习一致，但考试页面的答案选项没有项点检索注释，且增加了计时功能。

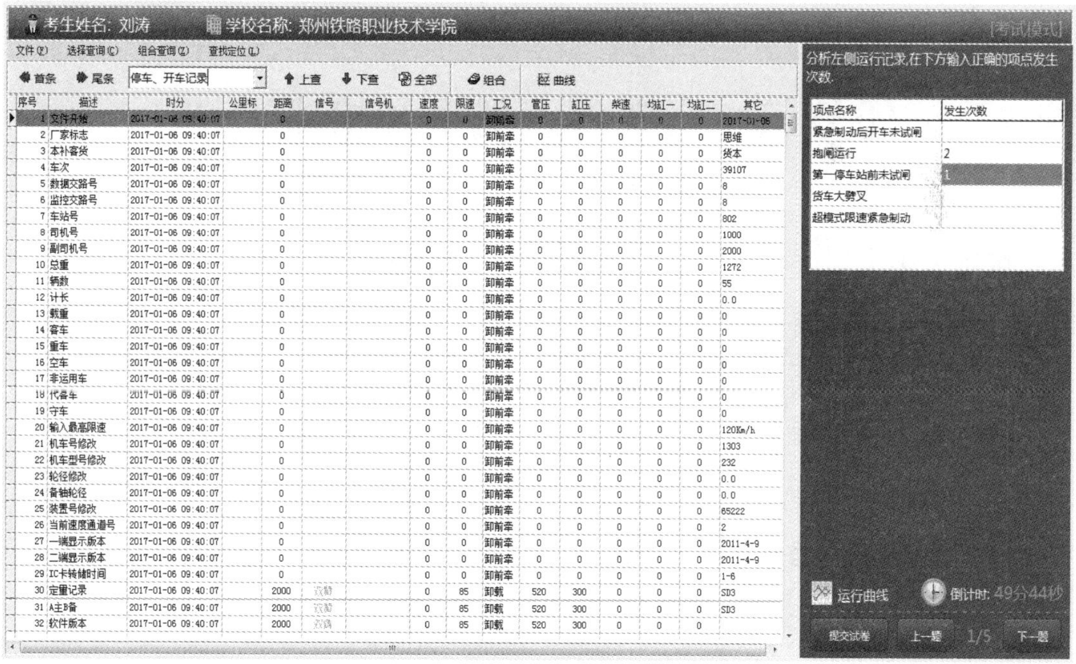

图 3.13 考试页面

答题结束后，点击“提交试卷”按钮，程序自动计算出答题分数，并上传至服务器。点击“返回主界面”按钮即返回系统首页，至此考试结束（见图 3.14）。

图 3.14　考试结果

任务二　违规项点类型和检索方法

【教学目标】

（1）掌握一次乘务作业违规项点类型。
（2）掌握 LKJ 数据分析违规项点检索方法。

【教学地点及设备】

1. 实习地点

列车监控装置应用实训室

2. 设　备

LKJ2000 模拟仿真训练系统

【教学内容】

学习表 3.1 所示的违规项点类型和检索方法。

表 3.1　违规项点类型和检索方法

序号	项点类型	检索操作分析
1	未按规定对标	开车对标（按开车键）后，连续两个分区使用车位调整键，或者过机校正距离>100 m。 分析提示： 第一种情况：记录移动到第一行，在查询条件中选择“过机校正”，点击“下查”按钮定位<过机校正>记录。查看<其他>列的值是否大于 100。大于 100 则视为未按规定对标。 第二种情况：记录移动到第一行，在查询条件中选择“向前、向后记录”，点击“下查”按钮，找到两条车位调整记录，如果发生在连续两个信号机之间，则是未按规定对标
2	始发站制动机未试验	开车对标（按开车键）前，无机车均衡风缸压力下降 100 kPa 以上且维持时间不低于 60 s 的记录。 分析提示： （1）记录移动到第一行，在检索条件中选择“开车对标”，点击“下查”按钮定位开车对标记录。 （2）检查开车对标前是否有均缸压降≥100 kPa，且持续不低于 60 s，又恢复定压的连续记录。没有则视为始发站制动机未试验
3	第一停车站前未试闸	按压开车键后，第一次在车站停车前，站外列车管压力须下降 50 kPa 及其以上并恢复定压。 分析提示： （1）记录移动到第一行，在查询条件中选择“停车、开车记录”，点击“下查”按钮定位第一个<站内停车>记录。 （2）检查在站内停车以前是否有管压下降 50 kPa 并恢复定压的过程。没有则视为第一停车站前未试闸
4	第一临时限速点前未试闸	按压开车键后，如未发生车站停车，遇临时限速地点前，列车制动主管压力须下降 50 kPa 及其以上并恢复定压。 分析提示： （1）记录移动到第一行，在查询条件中输入“临时”，点击“下查”按钮定位<临时限速开始>记录。 （2）如果临时限速以前没有发生进站停车事件，则检查是否有管压下降 50 kPa 及其以上并恢复定压的过程。没有则视为第一临时限速点前未试闸
5	停车超 20 min 未简略试验	列车停车时间超过 20 min，通常工作状态下开车，在距起车时间 20 min 内，未进行制动机试验。 分析提示： （1）记录移动到第一行，在检索条件中选择“停车开车记录”，点击“下查”按钮定位站内停车和站内开车记录。 （2）检查每次站内停车和站内开车是否大于 20 min，如果大于 20 min，是否做管压下降 100 kPa 后回升实验。没有则视为停车超 20 min 未简略试验
6	紧急制动后开车未试闸	紧急制动后或管压为 0 停车后，开车前无大于 50 kPa 的减压试验（单机除外）。 分析提示： （1）在条件查询中过滤速度 0～10 km/h 的记录，找到速度从非 0 到 0 的停车时间点，如果本次停车为非紧急制动停车，或管压为非 0 停车，则忽略。 （2）在速度>0 开车以前，没有管压下降大于 50 kPa 的减压试验，则视为紧急制动后开车未试闸

续表

序号	项点类型	检索操作分析
7	初减压不足	管压自定压下降小于 50 kPa 并维持 5 s 以上。 分析提示（注意观察下降和上升记录的序号是否连续）: （1）使用<条件查询>功能，选择速度，过滤速度 1～450 km/h 的记录。 （2）在过滤的记录中，查看是否有管压从标压开始下降，下降量小于 50 kPa 持续 5 s 以上又上升到标压的连续记录。有则视为初减压不足
8	累计减压超过最大减压量	通常工作状态下，使用制动机列车主管压力为 600 kPa，累计减压量不得大于 170 kPa；500 kPa 累计减压量不得大于 140 kPa。 分析提示： （1）使用<条件查询>功能，选择速度，过滤速度 1～450 km/h 的记录。 （2）在过滤的记录中，根据标压的不同，查看是否有管压下降量≥170 kPa 或 140 kPa 的连续记录
9	紧急制动后违规缓解	速度非零，管压下降到 200 kPa 以下，又缓解。 分析提示： （1）使用<条件查询>功能，选择速度，过滤速度 1～450 km/h 的记录。 （2）在过滤的记录中，查看是否有管压下降到 200 kPa 以下（大于零）又上升的连续记录。有则视为紧急制动后违规缓解
10	停车后未保压	停车 30 s 后，列车管减压量<100 kPa。 分析提示： （1）记录移动到第一行，在检索条件中选择“停车开车记录”，点击“下查”按钮定位站内停车和站内开车记录。 （2）检查每次停车后、开车前，管压下降量是否达到 100 kPa。小于 100 kPa 则视为停车后未保压
11	货车低速缓解	通常工作状态下，货物列车缓解时，列车速度低于 15 km/h；重载列车速度低于 30 km/h。(总质量≥5 000 t 为重载)。 分析提示（注意观察序号是否连续）: （1)使用<条件查询>功能,选择速度,过滤速度 1～15 km/h(重载 1～30 km/h)的记录。 （2）在过滤的记录中，若有速度下降时，管压上升大于 20 kPa 的连续记录，则视为货车低速缓解
12	单阀制动停车	列车速度由 3 km/h 及其以上降为 0 km/h 时，列车管压力为定压，闸缸压力为 50 kPa 及其以上（单机不判）。 分析提示： （1）使用<条件查询>功能，选择缸压，过滤缸压>50 kPa 的记录。 （2）在过滤的记录中，考有速度由 3 km/h 及其以上降到 0 的连续记录，管压等于标压，则视为单阀制动停车
13	抱闸运行	速度>5 km/h，管压等于定压，闸缸压力≥20 kPa，且持续时间大于 120 s。 分析提示： （1）使用<条件查询>功能，选择缸压，过滤缸压>20 kPa 的记录。 （2）在过滤的记录中，若有速度>5 km/h，管压等于定压，且持续时间大于 120 s 的连续记录，则视为抱闸运行

续表

序号	项点类型	检索操作分析
14	紧急制动后小闸违规缓解	紧急制动 10 s 后，机车闸缸压力小于 250 kPa。 分析提示： 第一种情况：检索条件数据“紧急”，定位到“紧急制动”记录，判断当前时间 10 s 后，缸压是否小于 250 kPa，小于则属于违规缓解。 第二种情况：速度不为零，发生管压下降到零的过程。在此下降过程中，当管压下降到 200 kPa 以下时，10 s 后缸压是否小于 250 kPa，小于则属于违规缓解
15	货车大劈叉	列车管减压并未采用电阻制动时，制动缸压力小于 50 kPa（判断减压过程）。 分析提示（客车不用分析）： （1）使用<条件查询>功能，选择速度，过滤速度 1～450 km/h 的记录。 （2）在过滤的记录中，查看： ① 管压下降量≥50 kPa； ② 缸压一直<50 kPa 或者缸压从≥50 kPa 减到 50 kPa 以下； ③ 工况不包含“制”的连续记录
16	电制停车	停车过程中，只有电制，无空气制动。 分析提示： （1）记录移动到第一行，在检索条件中选择“停车开车记录”，点击“下查”按钮定位“站内停车”记录。 （2）检查站内停车速度从非零变为零时，有无管压下降量小于 40 kPa，工况在制动位的记录。有则视为电制停车
17	手柄非零位过分相	通常工作状态下，电力机车运行在过分相区段，越过分相起点 30 m 后，手柄在非零位。 分析提示： （1）记录移动到第一条记录，在检索条件输入“过分相”，点击“下查”按钮。 （2）如果工况包含<加>，则为手柄非零位过分相
18	超模式限速紧急制动	速度≥限速的紧急制动。 分析提示： （1）记录移动到第一条记录，在检索条件输入“紧急”，点击“下查”按钮。 （2）如果速度≥限速，则为超模式限速紧急制动
19	防溜紧急制动	防溜状态下紧急制动 分析提示： （1）记录移动到第一条记录，在检索条件输入“紧急”，点击“下查”按钮。 （2）如果紧急制动前面有防溜记录，则为防溜紧急制动
20	降级状态下紧急制动	降级状态下紧急制动。 分析提示： （1）记录移动到第一条记录，在检索条件输入“紧急”，点击“下查”按钮。 （2）如果紧急制动前面有降级记录，则为降级状态下紧急制动
21	其他紧急制动	其他紧急制动。 分析提示： （1）记录移动到第一条记录，在检索条件输入“紧急”，点击“下查”按钮。 （2）如果速度≥限速，则为超模式限速紧急制动。 （3）如果紧急制动前面有降级记录，则为降级状态下紧急制动。 （4）如果紧急制动前面有防溜记录，则为防溜紧急制动

续表

序号	项点类型	检索操作分析
22	触发常用	LKJ 发出常用制动指令。 分析提示： （1）记录移动到第一条记录，在检索条件输入“常用制动”，点击“下查”按钮。定位到常用制动记录。 （2）查看常用制动记录，如果没有紧急制动记录，则是触发常用
23	触发卸载	LKJ 发出解除牵引力指令。 分析提示： （1）记录移动到第一条记录，在检索条件选择“卸载动作”，点击“下查”按钮，定位到卸载动作记录。 （2）查看卸载动作记录，如果没有常用制动或者紧急制动记录，则是触发卸载
24	20 km/h 限速	LKJ 转入 20 km/h 限速工作状态（检索内容应含输入的调令号）。 分析提示： 记录移动到第一条记录，在检索条件输入“20”，点击“下查”按钮
25	列车站内停车违规	客车站内停车后，再次动车停车。 分析提示： （1）使用组合功能，选择<进站出站记录>和<停车开车记录>，点击“过滤”按钮。 （2）在过滤的记录中，如果有连续两次或多次站内停车和站内开车，则为列车站内停车违规

复习思考题

1. 什么情况属于未按规定对标？
2. 什么记录属于始发站制动机未试验？
3. 累计减压超过最大减压量有什么规定？
4. 什么情况属于货车低速缓解？
5. 什么情况属于抱闸运行？

第四章　CMD 系统和 6A 系统

项目一　CMD 系统认知

【项目描述】

为了对机车的运行状态进行实时监控、远程诊断设备故障，国外的机车上大多配备了机车运行安全和设备质量监测系统，如西门子的 EFLEET 系统、阿尔斯通的 ETRAIN 系统、GE 公司的 RM&D 系统、庞巴迪公司的 CC REMOTE 系统。这些信息化系统都具备机车运行数据记录的下载转储、对机车故障及事件记录的离线分析和专家诊断、机车 GPS 定位、部分机车故障的远程报警、部分机车操作数据的远程查看、机车运行状态的远程实时监测、机车运行故障在线专家诊断等基本功能。

综合考虑国家安全因素和国外系统应用车型单一等问题，国外系统不具备全路统一推广条件。为适应中国铁路机务管理实际业务需要，运输局会同科技部充分借鉴国外类似产品技术，于 2009 年立项研制“中国机车远程监测与诊断系统（CMD 系统）”。

【教学目标】

1. 能力目标

（1）认识 CMD 系统各组成部分。

（2）掌握 CMD 系统的应用。

2. 知识目标

（1）掌握 CMD 系统的功能。

（2）掌握 CMD 系统各组成部分的功能。

3. 素质目标

（1）培养敬业爱岗、遵章守纪、乐于奉献的职业精神。

（2）牢记安全第一、以质量促安全的职业规范。

【教学内容】

一、系统概述

CMD 系统的设计遵循工业互联网的理念，牢牢把握住工业互联网的三要素——智能装备、互联网络、大数据应用，打造出一个智能化机车铁路行业应用，通过车载 LDP 设备获取机车各设备信息，并通过多种多样的传输手段将机车数据源源不断地传到地面系统，实现了车地一体化。地面系统通过大数据分析的手段为机车的质量安全保驾护航。

CMD 系统的主要功能是实时记录并转发机车设备数据，作为机车数据传输中枢，肩负着传输 LKJ、TCMS、6A 实时数据、北斗数据和存储数据记录文件的重任；实现机车定位、机车质量状态监测、机车运行安全监测、动态跟踪人车图等功能，是机车车载监测数据的集成、车地无线传输和综合应用平台。截至目前，车载 LDP 设备从各设备所采集的数据信息如表 4.1 所示。

表 4.1 CMD 系统采集数据信息

	LKJ 数据	TCMS 数据	6A 数据
故障/事件项点	46 项	3946 项	845 基
数据种类	40 种	130 种	413 种

车载 LDP 以 3G/4G 每 10 s 一包、北斗每分钟一包的频率下发数据，目前系统中已注册机车超过 4 200 台，每日服务器收到的实时数据在 50 GB 以上，每年服务器收到的实时数据在 15 TB 以上。

截至 2017 年，CMD 系统加装 LDP 设备共计装车 4 951 台，覆盖车型 17 种（见表 4.2）。

表 4.2 CMD 系统装车情况

装车时间(年)	装车数量/台	机车型号
2007	6	SS7E
2008	2	HXD3
2009	2	HXN3、HXN5
2010	7	HXD1C、HXD3C
2011	7	HXD1C
2012	8	HXD1(新八轴)、HXD1D、HXD2(新八轴)、HXD3D、HXN5、HXN5B
2014	35	HXD1D、HXD3C、HXN3、HXD3D
2015	761	HXD1C、HXD1D、HXD3C、HXN3、HXD3D
2016	4123	HXD1、HXD1C、HXD1D、HXD1G、HXD2、HXD2C、HXD3、HXD3C、HXD3D、HXD3G、HXN3、HXN3B、HXN5B、HXN6

二、功能目标

CMD 是铁路机务信息系统的核心子系统，是机务车载数据的集成、车地无线传输平台。CMD 整合机车 LKJ、TCMS、6A、列尾、语音、智能电（油）表等运行记录信息及故障信息，实现车对地、地对车数据的采集处理传输。CMD 为总公司、铁路局、机务段/检修段、机车主机企业提供机车定位、实时状态数据监测、实时故障报警、远程诊断、视频点播、机车车载电子履历管理、统计分析、专家支持系统、信息共享和功能接口等功能。CMD 对来自 LKJ、TCMS、6A 的信息进行综合分析与展示，通过调用各专业分析软件接口实现详细分析。其功能目标包含以下 6 个部分。

1. 远程检测

实时采集车载微机（TCMS）、监控装置（KJ）、安全防护（6A）等设备的数据监测机车的状态信息和故障报警信息、远程跟踪、定位机车位置、周转情况、视频信息、LKJ 状态信息，以及人车图的绑定信息等。

2. 车地数据传输

机车在途运行时，TCMS、LKJ、6A 等机车设备的故障、报警和涉及运行安全的机车运行状态信息，通过 GSM/GSM-R、3G、北斗等网络实时传输。大量的机车状态记录数据在机车入库时，通过 WLAN 网络下载储存，减少了对通道资源的占用。

3. 专家诊断

利用机务信息化综合应用平台的故障库、专家支持库及专业分析软件，对下载的数据进行综合分析，构建机车各显示屏实时画面，判断机车各系统的工作状态，为检修提供依据；同时对在途机车发生的故障，利用地对车信息传输功能，为乘务员处理提供远程技术支持。

4. 统计分析

实现机车业务数据的统计分析，包括机车使用率、机车占用、日车千米、机破统计、机车运用时间、故障统计、总走行千米数、配属统计、劳时统计、机车周转信息和检修/整备统计等。

5. 机车车载电子履历

建立随车存储的车载电子履历，实现对机车及部件的全寿命周期管理，包含机车及主要部件检测和试验记录、机车主要技术参数、机车配属动态、主要部件动态、检修动态、技术提升与改进记录、破损记录等。

6. 信息共享

与运用、检修、整备、设备等机务信息各子系统及电务车载设备机构信息系统互联互通，信息共享，实现 CMD 系统在机务信息化中的综合服务功能，同时将各类统计、分析结果提供给运输信息集成平台及相关的专业部门。

三、系统构成

中国机车远程监测与诊断系统（CMD 系统）的建设符合铁路机务信息化总体方案，由车载子系统、数据传输子系统、地面综合应用子系统三部分构成。

1. **车载子系统**

CMD 车载子系统为整车信息平台（见图 4.1），其功能为采集和汇总机车安全信息、机车监测信息、机车状态信息，完成不同系统之间的信息共享和统一传输。车载系统主要包括 LDP、北斗通信天线、WLAN/3G/定位天线及配套线缆等。其中 LKJ、TCMS、6A 及其他系统通过网络接口板与车载主机 LDP 连接，北斗通信天线和 WLAN/3G/定位天线实现数据的无线发送。

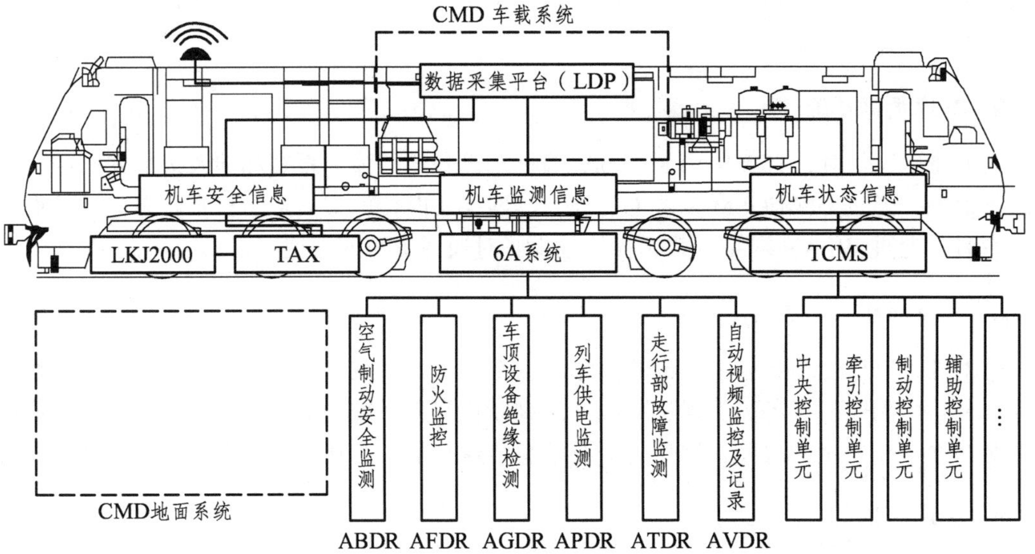

图 4.1 CMD 车载子系统

1）系统组成

机车状态信息：从 TCMS 采集的机车信息，包括司机操作、机车工况、机车故障、设备工作状态、通信状态、控制等信息。

机车监测信息：从 6A 系统采集的检测信息，包括机车空气制动安全监测、机车防火监控、机车高压绝缘检测（如配置）、列车供电监测（如配置）、机车走行部故障监测、机车自动视频监控及记录等信息。

机车安全信息：从 LKJ 采集的安全信息，包括司机号、信号机、车站、千米标、列车管压力、进出站等信息。

定位信息：包括经纬度、海拔、速度、时间等信息。

车载子系统主要完成对机车状态信息、机车安全信息和机车监测信息的采集、存储、传输。通过机车与地面的双向数据交互，实现对在途机车的远程实时监测与故障诊断，为机车运用、检修和维护提供数据支持。车载子系统应具备重联接口，对于内重联机车，LDP 采用主从机方式，A 节车的 LDP 为主机，B 节车的 LDP 为从机，主从机之间采用以太网通信，非重联机车的车载子系统配置与内重联机车 A 节的配置一致。LDP 主机如图 4.2 所示。6A 柜中的 6A 主机下方预留了 CMD 主机的安装位置。主机安装方案如图 4.3 所示。

图 4.2　LDP 主机

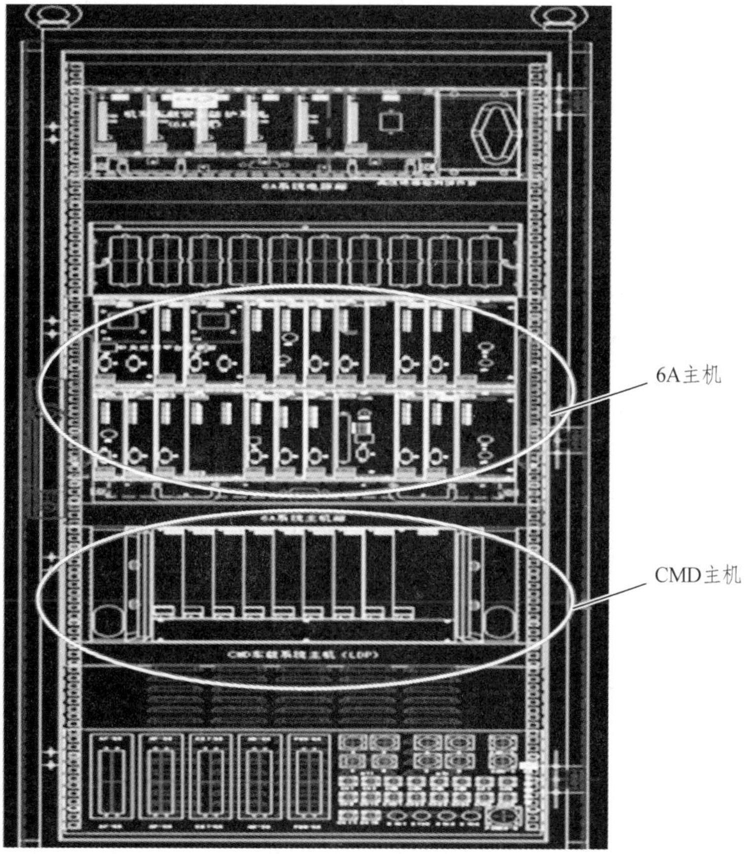

图 4.3　主机安装方案

2）LDP 装车要求

LDP 采用插箱式机械结构，LDP 机箱结构不具备防尘、防水性能，需将 LDP 安装在具有一定防尘、防水的柜体内，防护等级至少为 IP21。安装时使用 4 个 M6 × 8 的螺栓固定机箱，底部需有支撑板或支持梁，采用支撑板方式时，支撑板上需开蜂窝状的进风孔，机箱上方的遮挡物应具有风道，有利于机箱内热量的交换。

3）天线安装要求

天线应安装在机车车顶，原则上天线的间距应大于 1.5 m，距天线 1 m 范围内不能有超出天线 2/3 高度的金属障碍物。天线的鳍线应与机车运行方向平行。天线底座的绝缘垫应与天线、安装面之间无缝紧密接触。因信号衰减值随馈线长度的增加而增大，为确保无线通信质量，选取天线位置时应尽可能保证馈线长度不大于 10 m。

2. 数据传输子系统

数据传输子系统的网络由无线和有线两部分组成。无线网络目前依托 GSM GPRS/3G、GSM-R GPRS、WLAN、北斗，具备向 LTE 升级的条件，主要完成车地数据传输（在隧道、山区等无线网络信号没有覆盖的地区将不能正常工作）；有线网络利用已有的铁路综合 IT 网络，主要完成中国国家铁路集团有限公司、铁路局、机务段/检修段三级网络范围内的数据传输（见图 4.4）。

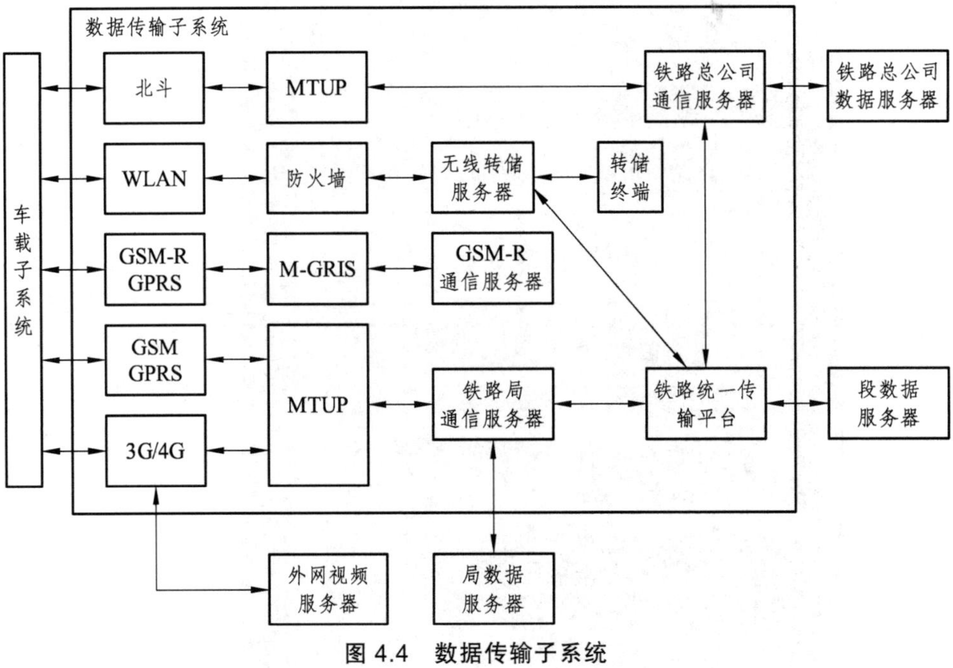

图 4.4 数据传输子系统

1）数据传输子系统功能

车地无线实时通信：机车在途运行时，把车载子系统采集的机车状态信息、机车安全信息及机车监测信息等车到地实时信息通过 GSM GPRS/3G、GSM-R GPRS、北斗传输到地面通信服务器；通信服务器把地到车实时信息通过 GSM GPRS/3G、GSM-R GPRS、北斗发往车载子系统。在机车控制电源关闭时，应能通过北斗短报文通信向地面发送机车位置信息和机车基本信息。机车监测信息中的视频信息通过 3G 网络传输到铁路外网视频服务器上。

数据无线转储：机车入段后，通过 WLAN 实现车地非实时信息双向传输。可以利用 WLAN 将 LDP 等车载设备的记录数据、机车电子履历等大容量信息发送到无线转储服务器，同时把转储结果信息写入段数据服务器。

内外网数据交换：车地实时信息通过部署在铁路局的 MTUP 实现从 GSM GPRS/3G、GSM-R GPRS、北斗到铁路内网的内外网数据交换；车地非实时信息通过部署在机务段/检修段的防火墙实现从 WLAN 到铁路内网的内外网数据交换。

铁路内网数据传输：CMD 系统依托铁路内网，采用铁路统一传输平台实现总公司、铁路局、机务段/检修段间及跨局数据传输。

2）系统指标

WLAN 无线传输标准：工作频率应能同时支持 ISM 2.4 GHz 和 5.8 GHz WLAN 终端接入，能够同时支持 IEEE802.11a/b/g/n 标准中一种或几种兼容 WLAN 终端接入。

覆盖范围要求 WLAN 网络覆盖范围一般包括从机车入段点到整备区，以及从整备区到机车出库点的全部区域。

传输速率要求：在目标覆盖范围内 95%以上位置，单台 WLAN 终端在线时，与 WLAN 服务器之间的数据传输吞吐量应≥1 MB/s。在重点目标覆盖范围（机车有规律停靠时间较长的区域）内 95%以上位置，WLAN 业务终端与 WLAN 服务器之间的数据传输吞吐量应≥4 MB/s。车-地、地-车的平均时延应≤50 ms，丢包率应≤1%。

WLAN 转储服务器要求：字长≥64 bit，CPU 核数≥8，内存≥32 GB，本地硬盘≥1 TB，双机冗余，双网卡。

数据服务器要求：字长≥64 bit，CPU 核数≥24，内存≥32 GB，本地硬盘≥300 GB，双机冗余，双网卡。

应用服务器要求：字长≥64 bit，CPU 核数≥24，内存≥32 GB，本地硬盘≥300 GB，双机冗余，双网卡。

MQ 服务器要求：字长≥64 bit，CPU 核数≥8，内存≥32 GB，本地硬盘≥300 GB。

存储设备要求：应能处理和存储管辖范围内的全部机车车地通信数据，至少满足存储总容量 5TB 以上、RAID5、双控制器、双通道、双电源等要求。

北斗卫星传输指标：通过北斗卫星传输的每包数据≥80 byte。

地面通信服务器处理能力：中国国家铁路集团有限公司通信服务器能同时处理至少 20 000 台机车的信息；无线转储服务器能同时转储至少 20 台机车的数据，硬盘容量 2 TB 以上（见图 4.5）。

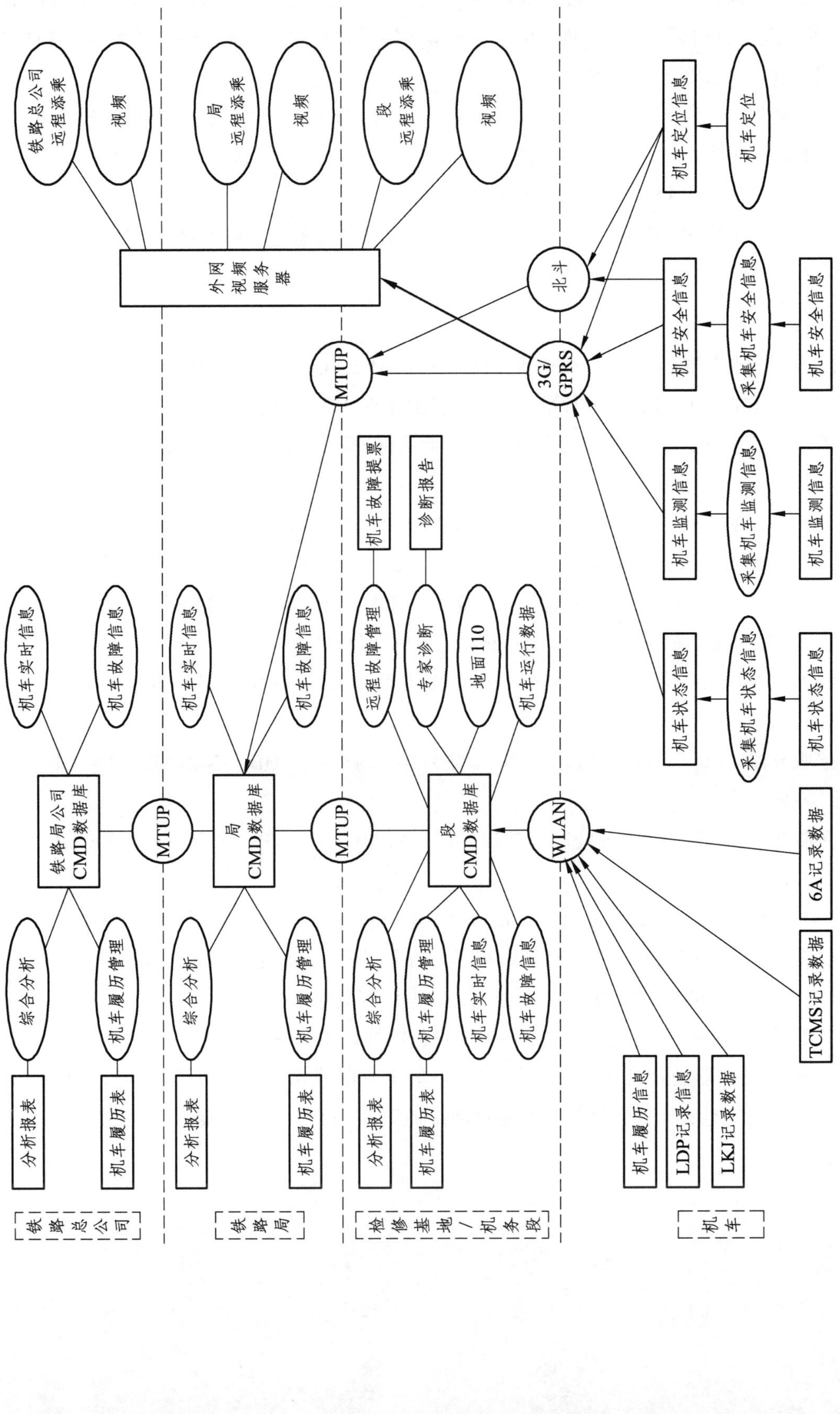
铁路总公司
铁路局
检修基地/机务段
机车
铁路总公司远程添乘
视频
外网视频服务器
局远程添乘
视频
段远程添乘
视频
机车定位信息
机车定位
北斗
MTUP
3G/GPRS
机车安全信息
采集机车安全信息
机车安全信息
机车故障提票
诊断报告
机车监测信息
采集机车监测信息
机车监测信息
机车实时信息
机车故障信息
机车实时信息
机车故障信息
远程故障管理
专家诊断
地面110
机车运行数据
机车状态信息
采集机车状态信息
机车状态信息
铁路局公司CMD数据库
MTUP
局CMD数据库
MTUP
段CMD数据库
WLAN
6A记录数据
TCMS记录数据
综合分析
机车履历管理
综合分析
机车履历管理
综合分析
机车履历管理
机车实时信息
机车故障信息
分析报表
机车履历表
分析报表
机车履历表
分析报表
机车履历表
机车履历信息
LDP记录信息
LKJ记录数据

图 4.5 数据流图

数据流数据分类如表 4.3 所示。

表 4.3　数据流数据分类

信息种类	信息名称	传输网络	来源	传输机制	信息内容
LKJ/TAX信息	列车状态信息	4G/3G/GPRS	LKJ	定时发送	车次、机车配属段、机车型号、机车编号、值乘司机工号、列车运行速度、当前限制速度、列车所在位置、机车信号显示、信号机编号、机车运行工况、列车制动主管压力、状态发生时间、本补客货、制动输出状态等
	列车安全信息	4G/3G/GPRS	LKJ	事件触发、地面应答	列车超速、紧急制动、列车区间非正常停车等
	过站信息	4G/3G/GPRS/	LKJ	事件触发、地面应答	车次、机车型号、机车编号、车站编码、时间等
6A信息	防火子系统信息	4G/3G/GPRS		定时发送、地面点播	防火探头报警信息
	制动子系统信息	4G/3G/GPRS		定时发送、地面点播	列车管压力、均衡缸压力、总风管压力、制动命令等
	列供子系统信息	4G/3G/GPRS		定时发送、地面点播	漏电流信息、列供直流电压、半电压、交流输入电流、用电量等信息
	走行子系统信息	4G/3G/GPRS		定时发送、地面点播	轴温检测信息
	绝缘子系统信息	4G/3G/GPRS		定时发送、地面点播	隔离电压、报警门限电压、开关状态等信息
	视频子系统信息	4G/3G		定时发送、地面点播	司机室、前方线路、机械间等位置的视频监视画面信息
TCMS信息	牵引系统信息	4G/3G/GPRS		定时发送、地面点播	系统级参数、变压器参数、牵引控制单元参数、牵引变流器参数、牵引电机参数和其他参数
	网络系统信息	4G/3G/GPRS		定时发送、地面点播	辅助变流器参数、辅助供电电源参数和辅助设备参数
	制动系统信息	4G/3G/GPRS		定时发送、地面点播	制动系统、制动机状态信息
	辅助系统信息	4G/3G/GPRS		定时发送、地面点播	主逆变、辅逆变等信息
	有线重联信息	4G/3G/GPRS		定时发送、地面点播	机车重联信息
	无线重联信息	4G/3G/GPRS		定时发送、地面点播	机车重联信息
	乘务员操作信息	4G/3G/GPRS		定时发送、地面点播	手柄级位、主断合/分等
	故障信息	4G/3G/GPRS		事件触发	TCMS 故障信息

续表

信息种类	信息名称	传输网络		传输机制	信息内容
LDP 信息	北斗信息	4G/3G/GPRS/短报文		定时发送	经纬度、海拔、时间等信息
	自检信息	4G/3G/GPRS		定时发送	LDP 与车载其他系统的通信状态及LDP 自身运行状态信息
	地面命令信息	4G/3G/GPRS		地面点播	地面点播、发送策略等信息

3. 地面综合应用子系统

CMD 地面综合应用子系统采用总公司、机务段两级部署，总公司、铁路局、机务段三级应用。地面综合应用子系统主要由数据处理中心、综合服务平台和运行维护管理三部分组成（见图 4.6）。地面综合应用子系统按照总公司、铁路局、机务段/检修段、机车制造及修理厂商分层管理架构，为各级领导、业务主管和业务人员等用户提供机车运用、故障诊断等管理功能，提供基于业务的数据分析与统计，为其他信息系统提供数据接口。

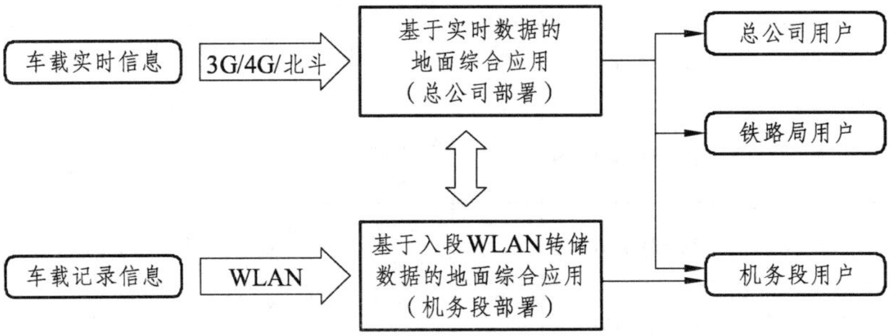

图 4.6　地面综合应用子系统

地面综合应用子系统通过铁路统一传输平台、车地无线传输网络、北斗发送过来的数据信息，经过解析处理后存入地面综合应用子系统的数据库服务器中，再经过分析统计后形成界面、报表，向用户展示机车运用、故障诊断等机车各方面的汇总统计。同时，CMD 系统对外与质量信息库、车号识别、运安系统、检修系统、整备系统、LKJ 分析软件、TCMS 地面分析软件、6A 系统地面分析软件、机车电子履历系统等各种外部信息系统集成，通过接口收发数据，达到信息互联互通的目的。

数据库服务器要求：总公司数据库服务器要求 4 个主频 2.6 GHz 以上的 CPU，内存不小于 32 GB，硬盘容量不小于 4 TB。铁路局数据库服务器要求 4 个主频 2.6 GHz 以上的 CPU，内存不小于 16 GB,硬盘容量不小于 2 TB。机务段/检修段数据库服务器要求 4 个主频 2.6 GHz 以上的 CPU，内存不小于 16 GB，硬盘容量不小于 2 TB。

应用服务器：总公司应用服务器要求 4 个主频 2.6 GHz 以上的 CPU，内存不小于 32 GB，硬盘容量不小于 1 TB。铁路局应用服务器要求 4 个主频 2.6 GHz 以上的 CPU，内存不小于 16 GB，硬盘容量不小于 1 TB。机务段/检修段应用服务器要求 4 个主频 2.6 GHz 以上的 CPU，内存不小于 16 GB，硬盘容量不小于 1 TB。终端客户端要求 1 个主频 1.5 GHz 以上的 CPU，内存不小于 1 GB。系统支持 7×24 h 不间断运行。具备核心业务数据的自动备份和恢复能力，能屏蔽非法用户登录，业务查询时间小于 10 s，业务统计计算时间小于 15 s。

总公司地面综合应用子系统入库处理程序实时接收各铁路局通过铁路统一传输平台发送过来的车载信息，分析处理后存入总公司地面综合应用子系统的数据库服务器中，供总公司级综合服务平台调用。总公司层可以查看全路机车状态。

铁路局地面综合应用子系统入库处理程序实时接收来自车地无线传输网络的机车的实时信息，分析处理后存入铁路局地面综合应用子系统的数据库服务器中，供铁路局级综合服务平台调用。铁路局可以查看本局配属/支配机车状态、在本局线路上运行的它局机车状态、本局乘务员所在机车状态。

机务段/检修段地面综合应用子系统入库处理程序实时接收铁路局通信服务器转发的本段配属机车实时信息，分析处理后存入机务段/检修段地面综合应用子系统的数据库服务器中，供机务段/检修段级综合服务平台调用。机务段/检修段可以查看本段配属/支配机车状态、本段乘务员所在机车状态。

地面综合应用子系统与无线转储服务器接口，接收机车非实时信息的转储结果信息，提供查看和统计功能。地面综合应用子系统与机车电子履历系统接口，通过 CMD 系统的无线传输网络下载更新机车车载电子履历。

机车视频信息由 6A 系统提供，地面综合应用子系统点播指定机车视频后，接收机车视频信息并实时显示。

地面到机车发送的信息包含点播信息、地面诊断结果信息、远程设置等。地面到机车的信息通过铁路统一传输平台发送到机车所属局的通信服务器上，由数据传输子系统发送到指定机车。

地面综合应用子系统的质量保证要求建立项目组及内部组织机构，明确组织职责和人员角色，建立开发所需的各方面制度，例如软件版本制度、发布制度、需求评审/变更制度等，以此来确保地面综合应用子系统的开发管理工作正常有序进行。

为确保系统正常有效运行，需要对软件硬件进行定期维护，包括

（1）定期检查硬件运行状况，评估硬件、机房、网络的使用情况。如有问题需联系机房管理员及时处理。

（2）定期检查软件运行情况，评估操作系统健康情况、应用程序稳定情况、数据库容量和链接情况。制定相关的问题处理制度，当发生问题时按制度流程处理，并及时记录与上报。

复习思考题

1. CMD 系统的组成部分有哪些？
2. CMD 系统的功能指标包含哪几个部分？

项目二　6A 系统认知

【项目描述】

近年来，随着机车交路的不断延长、运行速度的不断提高，以及牵引重量的不断加大，机车在运用现场的安全事故也时有发生，直接和间接损失巨大，严重影响了运用安全和运营秩序。

6A 系统是针对机车运行过程中危及安全的重要事项、重点部件和部位，在前期已有的各分散机车安全设备的基础上，完善功能、综合集成而形成的完整、系统、平台化的安全防护装置，目的是提高机车防范安全事故的能力。

【教学目标】

1. 能力目标

（1）认识 6A 系统各组成部分。

（2）掌握 6A 系统的应用。

2. 知识目标

（1）掌握 6A 系统的功能。

（2）掌握 6A 系统各组成部分的功能。

3. 素质目标

（1）培养敬业爱岗、遵章守纪、乐于奉献的职业精神。

（2）牢记安全第一、以质量促安全的职业规范。

【教学内容】

一、简　介

系统全称：机车车载安全防护系统，简称 6A 系统。

安全事故主要包括：

（1）走行部轴箱轴承、电机轴承等故障。

（2）列车在运行中发生折角塞门非正常关闭引发的冒进、冲撞事故。

（3）机车高压绝缘破坏，引起接触网烧损，造成大面积停电。

（4）机车内部电线电缆短路、过热及其他原因引起的机车火灾。

（5）列车供电故障，造成列车不能正常出库、发车等。

基于上述安全问题，如何运用技术手段体系化地解决机车安全管控问题，已经成为机车运用部门的关注重点。

6A 系统是针对机车的制动系统、防火、高压绝缘、列车供电、走行部、视频等危及安全的重要部件，采用实时检测、监视、报警，并通过网络传输、统一固态存储和智能人机界面，整体研究设计而形成的平台化的安全防护装置。相应的地面专家系统将在线监测与离线地面综合评估结合起来，完成了机车安全防护体系的构建。其车载主机如图 4.7 所示。

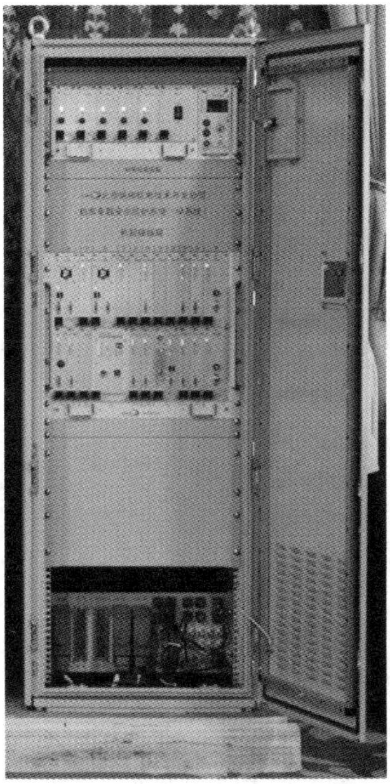

图 4.7　6A 系统车载主机

二、系统构成与功能

6A 系统主要由中央处理平台和 6 个子系统构成。

CPP：中央处理平台。

ABDR：机车空气制动安全监测子系统。

AFDR：机车防火监控子系统。

AGDR：机车高压绝缘检测子系统。

APDR：机车列车供电监测子系统。

ATDR：机车走行部故障监测子系统。

AVDR：机车自动视频监控及记录子系统。

1. CPP（中央处理平台）（见图 4.8）

CPP 的主要功能：

（1）综合处理报警。

（2）安全信息存储。

（3）人机交互界面。

（4）平台统一供电。

（5）实时网络传输。

（6）双处理器冗余工作。

（7）监测子系统可扩展。

图 4.8　中央处理平台主机

2. 机车空气制动安全监测子系统（ABDR）（见图 4.9）

系统组成：系统由制动监测板卡、压力传感器、流量变送器、连接器和线缆组成，分为停放制动异常施加监测模块和折角塞门关闭监测模块两部分。

停放制动异常施加监测：结合车载微机系统提供的或触点传递的弹停制动阀被隔离信息，监测机车运行过程中停放制动异常施加状态，并发送给中央处理平台。

折角塞门关闭监测：发生折角塞门关闭的车辆顺位在 20 辆（含）以下时，误差不超过 5 辆。发生折角塞门关闭的车辆顺位在 20 辆以上时，提供列车贯通信息。

贯通辆数语音提示：列车编组在 5 辆（含）以上，机后贯通辆数小于全列编组的 1/2 时，音视频显示终端语音提示“注意贯通辆数”。

设备：制动监测板卡、压力传感器、流量计、线缆。

信号采集：制动监测板卡采集压力传感器的压力信号。

通信方式：制动监测板卡通过 CAN 总线与中央处理平台通信。

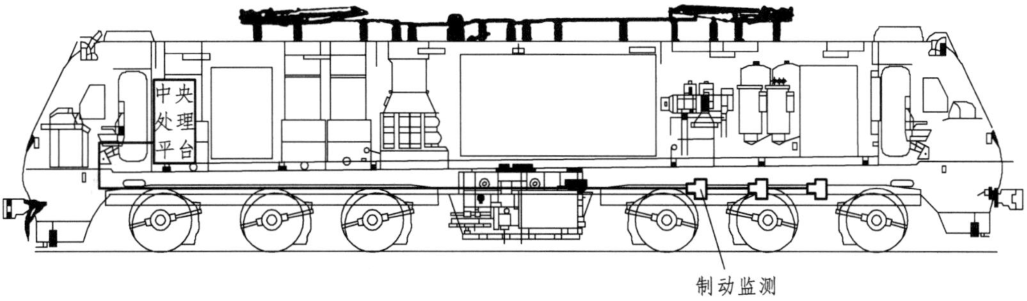

图 4.9　机车空气制动安全监测子系统

3. 机车防火监控子系统（AFDR）（见图 4.10）

具有火灾报警和火情可视功能。根据车型不同分别在在司机室、机械间等处布设烟温复合探头、高温探头及火焰探头，在地板线槽内布设感温电缆。监测车内司机室、机械间等处温度、烟雾变化，预防机车电气、油气起火事故的发生。

火灾探头通过线缆连接至防火监控板卡，防火监控板卡安装在 6A 系统的主机箱内，防火监控板卡采集火灾探头的报警信号，防火监控板卡通过 CAN 总线与中央处理平台通信。

防火监控系统报警级别：防火监控设备的自身故障为 1 级，火灾报警为 3 级。

防误报措施：各型探测器均需采用智能探测器，并针对机车特殊环境采取如下措施防止误报警。

（1）采用多探测器综合监测技术，在特定的区域内，发生火警时，已安装多种探测器的防护区域，应考虑利用同时报警减小单一探测器误报的影响。

（2）采用温度变化率和温差的智能处理，克服柴油机间高温环境对火灾探测器的影响。

（3）采用数字滤波、延时处理等措施实现触点拉弧与火灾的特征区分。

（4）采用数字滤波、延时处理等措施实现防日光、雷电光等干扰。

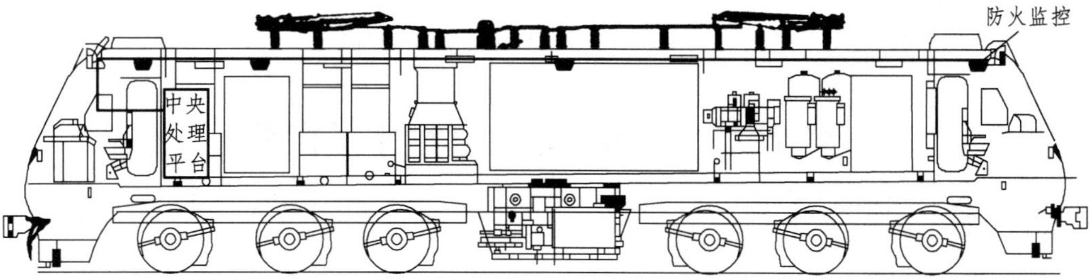

图 4.10　机车防火监控子系统

4. 机车高压绝缘检测子系统（AGDR）（见图 4.11）

系统功能：升弓前对机车高压绝缘状态进行确认，记录高压绝缘测试数据。防止盲目升弓引起接触网烧损。

高压绝缘检测箱通过 CAN 总线与中央处理平台通信，高压绝缘检测箱面板上设置检测按钮。

车顶绝缘检测功能：

（1）检测车顶高压部件的绝缘状态。

（2）设备自身的短路保护。

（3）有网压时自动锁闭检测功能。

（4）升弓状态下自动锁闭检测功能。

（5）系统配备钥匙开关，控制系统检测功能的启动。

车顶绝缘检测设备的自身故障为 1 级，车顶绝缘状态报警为 3 级，绝缘报警门限值：机车出库时检测电压≥19 kV；线路运行时检测电压为 15 kV，具体的门限值由各铁路局根据机车运行区段、气候条件、使用经验自行确定。

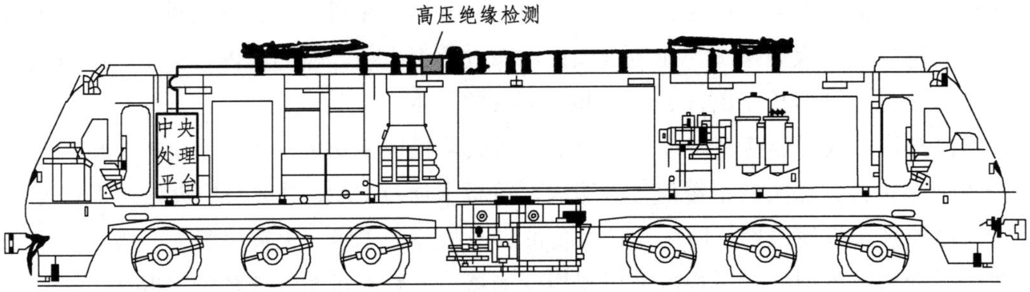

图 4.11　机车高压绝缘检测子系统

5. 机车列车供电监测子系统（APDR）（见图 4.12）

机车列车供电监测子系统主要用于接地诊断（漏电流检测）、对机车及后部列车供电状态进行监测、列车供电状态及故障记录。可在机车出库、挂车、运行过程中对列车供电状态进行实时监测，实现列车供电系统故障分析。

列车供电检测具备下列功能：漏电显示、供电统计、定时保存列供柜的运行状态信息、输出电压波动时列供柜运行状态信息保存、列供柜内部故障监测。

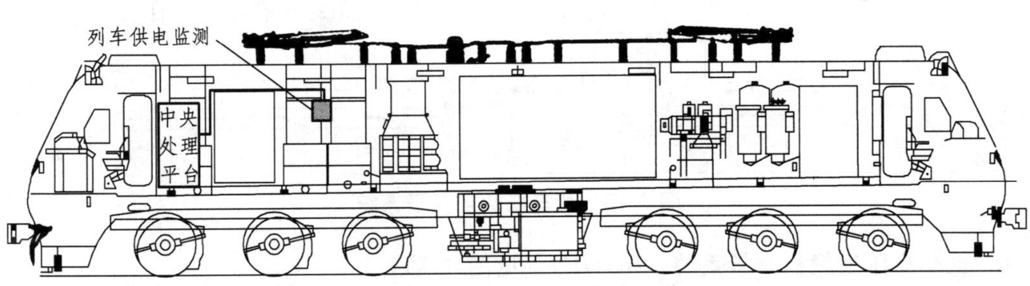

图 4.12　机车列车供电监测子系统

6. 机车走行部故障监测子系统（ATDR）（见图 4.13）

机车走行部故障监测子系统用于走行部轴承温度和冲击监测。通过振动谱分析，检测走行部轴箱轴承、电机轴承和踏面的早期故障，以降低走行部事故的发生。

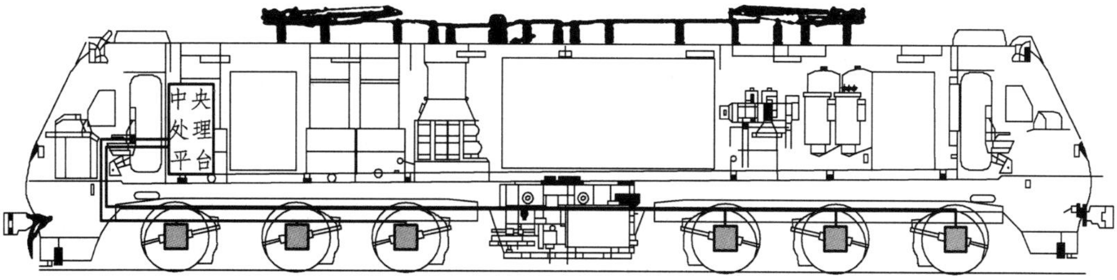

图 4.13　机车走行部故障监测子系统

JK11430B 系统基本配置：1 台主机、6 个数据前置处理器、36 根复合传感器、1 台维护器、连接线若干。每条轴配备 1 个数据前置处理器，每条轴设 6 个测点，主机通过 CAN 总线与 6A 系统连接。

走行部监测子系统对以下部件和对象的状态与故障进行监测。

1）轴　承

监测对象：轴箱轴承、牵引电机轴承、抱轴轴承、齿轮箱轴承。

监测物理量：振动冲击、温度。

监测要求：能够诊断出轴承的故障。

2）齿　轮

监测对象：主、从动齿轮。

监测物理量：振动冲击。

监测要求：能够诊断出齿轮的故障。

3）车轮踏面

监测对象：车轮踏面。

监测物理量：振动冲击。

监测要求：能够诊断剥离、擦伤、不圆度。

7. 机车自动视频监控及记录子系统（AVDR）（见图 4.14）

机车自动视频监控及记录子系统用于监控路况、司机室、机械间等处的视频图像、实现与防火系统的联动、视频图像存储和调用分析。通过记录司机操作、运行路况、机械间图像等辅助事故分析，为机车设备报警和事件的分析提供重要视频图像依据。

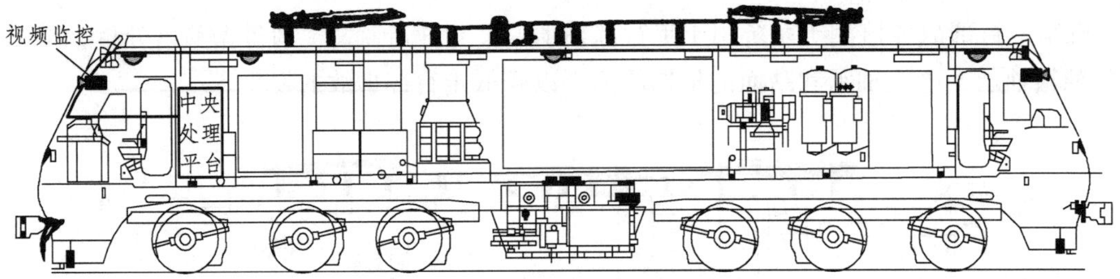

图 4.14 机车自动视频监控及记录子系统

所有摄像头通过线缆接至视频图像采集卡，视频图像采集卡通过以太网与视频图像处理卡连接，视频图像采集卡、视频图像处理卡安装在 6A 系统的主机箱内，视频图像处理卡通过以太网与中央处理平台通信。

1）视频采集与存储

不同监控区域的视频支持不同的存储帧率和分辨率。操纵端路况和司机室为 25 帧/秒、4CIF 格式存储；非操纵端路况和司机室为 8 帧/秒、CIF 格式存储；其余通道为 4 帧/秒、CIF 格式存储。实时存储的监控区域音视频数据存储时间不少于 15 天。音视频存储采用滚动方式，自动覆盖早期的音视频数据；具备外挂 USB 存储器同步存储功能（仅限操纵端司机室摄像头）。

2）视频监控功能

（1）实时图像采集。

（2）视频叠加：监测部位、车次、机车号、时间、千米标、速度和报警信息。

（3）视频显示。

（4）报警图片发送。

（5）火情可视。

（6）视频存储。

（7）视频数据下载。

（8）系统自检。

三、总体布局

6A 系统在 6 轴机车上的总体布局如图 4.15 所示。

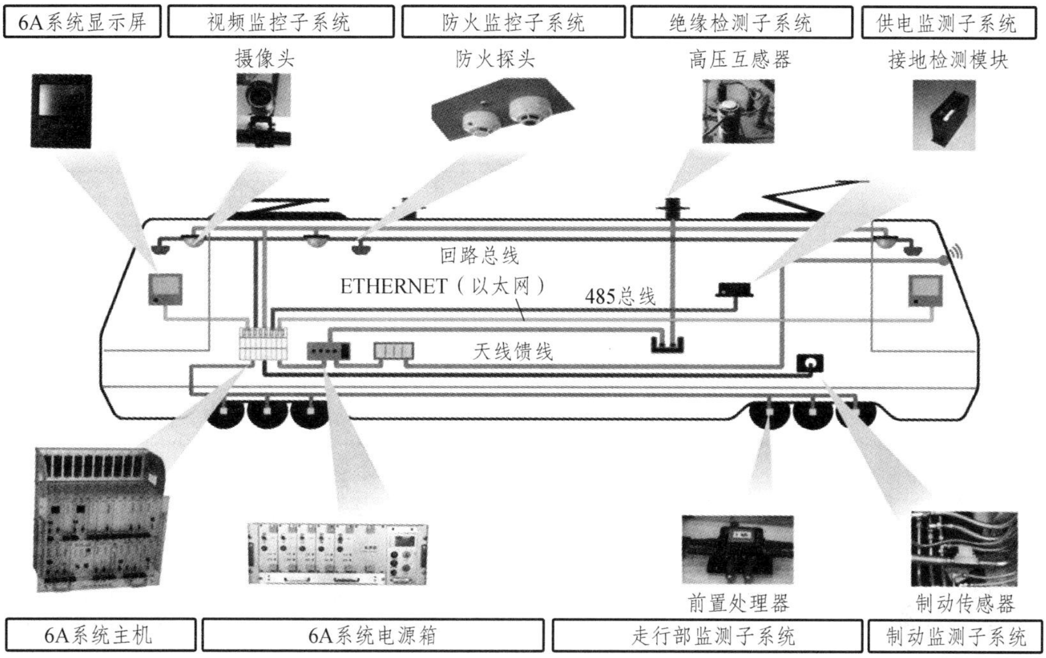

图 4.15　6A 系统在 6 轴机车上的总体布局

四、主要故障处理办法

主要故障的处理如表 4.4 所示。

表 4.4　主要故障的处理

系统名称	序号	故障名称	处理办法
中央处理平台电源	1	电源板卡保护	关闭电源并再次打开，如果故障不能消除，回库后检查维修
中央处理平台音视频显示终端	1	显示错误对话框	回库后检查或更换音视频显示终端
	2	蓝屏/白屏	回库后更换音视频显示终端
	3	无数据显示	回库后检查
	4	触摸屏功能失效	使用按钮操作，回库后更换音视频显示终端
空气制动监测子系统	1	停放制动意外施加模块通信故障	回库后检修
	2	防折关监测模块通信故障	回库后检修
	3	压力传感器流量传感器故障	回库后检修
防火监控子系统	1	防火探头故障	机车回库后更换
	2	防火板卡通信故障	回库后检修

续表

系统名称	序号	故障名称	处理办法
高压绝缘检测子系统	1	功率模块故障	机车回库后检修功率模块
视频监控子系统（AV）	1	采集卡1、2通信故障	机车回库后查验检修
	2	图像异常	机车回库后查验检修
	3	存储盘故障	机车回库后查验检修
	4	摄像头自检故障	机车回库后查验检修
列供监测子系统（AP）	1	列供柜通信故障	回库后检修
	2	漏电流模块通信故障	回库后检修
走行部故障监测子系统（AT1）	1	传感器故障	机车回库后确认传感器是否工作正常，如异常则更换
	2	数据前置处理器通信故障	机车回库后检修数据前置处理器

复习思考题

1. 6A系统主要由哪几部分构成？
2. 6A系统各组成部分的主要功能是什么？

参考文献

[1] 郑州铁路局. LKJ2000 型列车运行监控装置操作手册[M]. 北京：中国铁道出版社，2012.
[2] 中国国家铁路集团有限公司. 铁路技术管理规范（普速铁路部分）[M]. 北京：中国铁道出版社，2018.
[3] 中华人民共和国铁道部. 铁路机车操作规则——铁运〔2012〕281 号[M]. 北京：中国铁道出版社，2016.